I0533378

Disclaimer:
The content in this book is for educational purposes only and does not constitute legal, financial, or medical advice. Readers should consult qualified professionals before acting on any information contained herein. The publisher disclaims liability for any loss incurred as a result of the use of this material.

¡5000 PRONUNCIACIONES EN AUDIO GRATIS!

Escucha cada palabra pronunciada por nativos y mejora tu pronunciación.

Escanea el código QR para oír las 5000 palabras del diccionario.

—— O ——

visita bit.ly/4oymkjE

Índice

¡5000 PRONUNCIACIONES EN AUDIO GRATIS!

Escucha cada palabra pronunciada por nativos y mejora tu pronunciación.

Escanea el código QR para oír las 5000 palabras del diccionario.

— O —

visita **bit.ly/4oymkjE**

Introducción

¡Hola! ¿Estás buscando un diccionario simple, visual y fácil de navegar? Entonces, has llegado al lugar indicado.

Este diccionario de Explore To Win incluye las 5000 palabras más utilizadas en inglés, ¡pero no es una simple lista de palabras! El contenido está diseñado para hispanohablantes con poco tiempo que quieren triunfar en conversaciones en inglés de la vida real, no solo memorizar vocabulario.

Nuestro diccionario está dividido en dos partes:

- En la primera parte encontrarás un diccionario ilustrado de 1000 palabras y frases organizado por temas (como la casa, el cuerpo, la comida, las plantas, entre muchos otros). Este diccionario te servirá para aprender inglés de forma visual, ¡lo que te ayudará a retener las palabras!

- En la segunda parte encontrarás un diccionario español - inglés de 4000 palabras organizadas alfabéticamente. Este diccionario será útil para consultar con facilidad la palabra del español que quieres decir en inglés.

Entre estas 5000 palabras, encontrarás sustantivos, adjetivos, verbos, pronombres, artículos, preposiciones, conjunciones ¡y más!

No solo eso, sino que este diccionario es parte del gran sistema de aprendizaje de Explore To Win, que combina libros, tarjetas didácticas, audio y herramientas digitales para ayudar a las personas a hablar inglés más rápido y retener más conocimientos. En nuestro sistema, encontrarás:

- El bundle *Aprender inglés para adultos principiantes: Inglés en 30 Días™ (7 libros en 1)*, que te llevará de un nivel principiante (A1) a uno avanzado (C1)

- Las 100 flashcards para aprender inglés de Explore To Win

- Nuestra app digital de Explore To Win

- Nuestro curso en línea con el método probado de Inglés en 30 Días™

- Nuestra comunidad virtual de estudiantes de inglés

- ¡Y más contenido interesante!

¿Qué esperas para sacarle jugo a este increíble diccionario diseñado especialmente para principiantes?

Vocabulario visual

Casa: House

 chimney

 weathervane

 roof

 doormat

 window

 electrical outlet

 door

 plug

 fence

 stairs

 room

 porch/patio

 hallway

 balcony

 attic

 light

 basement

 switch

 mailbox

Cocina: Kitchen

 counter

 toaster

 fridge

 electric kettle

 extractor

 coffee maker

 stove burner

 slow cooker

 oven

 pressure cooker

 dishwasher

 rice cooker

 microwave

 deep fryer

 blender

 air fryer

 mixer

 waffle maker

 food processor

 frying pan

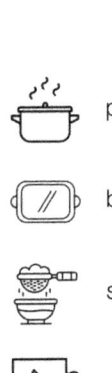 pot

 rolling pin

 baking dish

can opener

 strainer

 corkscrew

cutting board

 whisk

grater

 peeler

 kitchen towel

 colander

 sponge

 measuring cups

 utensils

 wooden spoon

 teaspoon

 mortar and pestle

 ladle

 slotted spoon

 spatula

 grill

Baño: Bathroom

 mirror

 sink

 faucet

 soap

 toilet paper

 toilet

 shower

 bathtub

 towel

 shower curtain

 toothbrush

 hair dryer

 hair straightener

 comb

 hairbrush

 shampoo

 conditioner

 toilet brush

 nail clipper

 bathrobe

bath mat

 plunger

 laundry hamper

 plug

 toothpaste

 lipstick

 razor

 tweezers

Habitación: Bedroom

 bed

 alarm clock

 pillow

 drawer

 sheets

 dresser

 quilt

 closet

 nightstand

 hanger

 lamp

 clothes hook

Jardín: Garden

 flowerpot

 soil

 watering can

 flowerbed

 hose

 lawn mower

 shovel

 shed

 rake

 trash bin

 wheelbarrow

 recycling bin

Estudio: Study

 desk

 mouse

 desk chair

 keyboard

 computer

 printer

wastepaper basket

 clock

 folder

 calendar

 pencil

 stapler

 pen

 binder

 scissors

 sticky note

 notebook

 envelope

 bookcase

 book

Sala de estar: Living Room

 armchair

 blanket

 couch

 TV

 cushion

 coffee table

vase

 rug

 floor lamp

 curtain

 painting

 shelf

 stool

 fireplace

 coat stand

 spiral staircase

Comedor: Dining Room

 table

 salad bowl

 chair

 salt shaker

 tablecloth

 dish

 napkin

 bowl

 bread basket

 cup

glass

 chopsticks

 knife

 spoon

 fork

Lavadero: Laundry Room

 washing machine

 basket

 dryer

 cleaning products

 clothesline

 bucket

 iron

 mop

 ironing board

 broom

 clothespin

 dustpan

vacuum cleaner

 duster

 detergent

 scrub brush

 disinfectant

Comida: Food

 beef

 lentils

 chicken

 walnut

 ham

 almond

 tuna

 peanut

 seafood

 hazelnut

 legume

 cashew

pistachio

 pear

 pecan

 watermelon

 macadamia

 melon

 chestnut

 peach

 fruits

 plum

 vegetables

 strawberry

 banana

 kiwi

 apple

 cherry

 orange

 grape

 clementine

 coconut

mango

 garlic

 pineapple

 bell pepper

 pomegranate

 eggplant

 lemon

 pumpkin

 tomato

 zucchini

 lettuce

 spinach

 carrot

 cabbage

 pickles

 potato

 cucumber

 sweet potato

 onion

 avocado

corn

 ravioli

 chili

 mashed potatoes

 mushroom

 french fries

 barbeque

 salad

 ribs

 rice

 soup

 coffee

 hamburger

 tea

 bread

 juice

 pasta

 cocktail

 spaghetti

 beer

wine

 mayonnaise

 milk

 mustard

 butter

 jam

 whipping cream

 honey

 cheese

 oil

 yoghurt

 tomato sauce

 egg

 basil

 vinegar

 ginger

 soy sauce

 cake

 ketchup

 cookie

ice cream

 flour

 pancake

 sugar

 pie

 salt

 donut

 toast

 chocolate

 cereal

 popcorn

 muffin

 candy

 cupcake

 cotton candy

 waffle

 lollipop

Cuerpo: Body

 head

 neck

 armpit

 arm

 elbow

 chest

 abdomen

 groin

 leg

 thigh

 knee

 calf

 ankle

 foot

 big toe

 toes

 belly button, navel

 nape

 back

 shoulder

waist

 ring finger

 hip

 little finger

 butt

 palm of the hand

 hand

 nail

 wrist

 face

 finger

 freckle

 fingerprint

 hair

 thumb

 ear

 index

 forehead

 middle finger

 temple

	nose		upper lip
	nostril		lower lip
	cheek		tongue
	chin		tooth
	jaw		palate
	eye		bones
	eyebrow		skeleton
	eyelid		skull
	eyelashes		cheekbone
	mouth		spine

vertebra (pl: vertebrae)

 heart

 rib

 brain

 lungs

Animales: Animals

 dog

 snake

 cat

 sheep

 bird

 donkey

 fish

 hen

 rabbit

 rooster

 turtle

 turkey

goose

 elephant

 cow

 monkey

 bull

 gorilla

 horse

 camel

 goat

 zebra

 pig

 kangaroo

 llama

 boar

 tiger

 bear

 giraffe

 hedgehog

 lion

 moose

jaguar

 fox

 ferret

 wolf

 vulture

 koala

 anteater

 polar bear

 platypus

 sloth

 panda

 beaver

 hippopotamus, hippo

 tortoise

 rhinoceros

 squirrel

 raccoon

 flamingo

 meerkat

 penguin

swan

 toucan

 owl

 armadillo

 ostrich

 lobster

 falcon

 eel

 dove

 crab

 crow

 squid

 hummingbird

 jellyfish

 peacock

 octopus

 seagull

 shark

 duck

 shrimp

dolphin

 crocodile

 whale

 lizard

 seal

 ant

 manta ray

 bee

 starfish

 beetle

 coral

 butterfly

 seahorse

 caterpillar

 frog

 centipede

 killer whale, orca

 dragonfly

fly

 moth

 ladybug

 cockroach, roach

 scorpion

 spider

 snail

 grasshopper

 mosquito

 wasp

Plantas: Plants

 tree

 moss

 grass

 bamboo

 cactus (pl: cacti)

 vine

 root

 flower

 stem

 sunflower

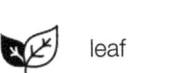 leaf

 tulip

 seed

 rose

 fruit

 lavender

 branch

 dandelion

bark

 pine

thorn

 maple

 algae

 palm tree

Transporte: Transportation
Medios de transporte: Means of transportation

 car

 pick-up truck

 motorcycle

 truck

 bicycle

 ship

 plane, airplane

 tractor

 bus

 hot-air balloon

 taxi

 helicopter, chopper

 subway

 scooter

 train

 skateboard

 tram

Partes de un vehículo: Parts of a vehicle

 trunk

 headlights

 hood

 steering wheel

 tire

 glove compartment

 windshield

 gear stick

 license plate

Seguridad: Safety

 seatbelt

 first-aid kit

 life vest, life jacket

 fire extinguisher

 helmet

 siren

 goggles

 traffic cone

hard hat

 fire alarm

 safety vest

 emergency exit

Viaje: Travel

 hotel

 elevator

 baggage

 backpack

 key

 bunk bed

 double bed

 tent

 single bed

 campfire

 pool

 sleeping-bag

 parking lot

 camping stove

34

compass

 penknife

 cooler

 flask

 fishing rod

 guidebook

 flashlight

 passport

 hammock

 plane ticket

 map

 boarding pass

 matches

 seat

Destinos: Destinations

 coast

 sea

 beach

 forest

desert

 volcano

 mountain

 cave

 island

 cliff

 rainforest

 prairie

 countryside

 swamp

 city

 lake

 river

 glacier

 bay

 hill

 pond

 jungle

 waterfall

 woods

Lugares: Places

 museum

 castle

 library

 windmill

 hospital

 arch

 cinema

 tower

 theater

 cathedral

 zoo

 stadium

 aquarium

 palace

 church

 temple

Stores: Tiendas

 bookstore

 greengrocer

 bakery

 pet shop

 pharmacy, drugstore

 gas station

 butcher shop

 dry cleaner

 supermarket

Indicaciones: Directions

 left

 above

 right

 below

 up

 in

 down

 on

 between

 over

 behind

Escuela: School

 classroom

 correction fluid

 cafeteria

 pencil sharpener

 gym

 glue

 diploma

 calculator

 board

 ruler

 chalk

 set square

 eraser

 protractor

 marker

 drawing compass

 textbook

 highlighter

 pencil case

 poster

Laboratorio: laboratory, lab

 microscope

 burner

 telescope

 funnel

 test tube

 tongs

 beaker

 stopwatch

 scale

 magnet

 thermometer

Deportes: Sports

 soccer, football

 handball

 basketball

 volleyball

 tennis

 swimming

	baseball		rugby
	gymnastics		(American) football
	athletics		skiing
	horseback riding		golf
	fencing		sailing
	martial arts		diving
	ping-pong		snorkeling
	cycling		surfing
	hockey		rowing
	ice skating		water skiing
	boxing		rafting

windsurfing

 ball

 hiking

 golf club

 climbing

 whistle

 skating

 red card

 archery

 referee

 polo

 shield

 jersey

 medal

 kneepads

 trophy

 racket

 cup

 bat

Actividades: Activities

 gardening

 camera

 birdwatching

 cooking

 binoculars

 reading

 stargazing

 writing

 carpentry

 sewing

 pottery

 knitting

 painting

 crochet hook

 easel

 knitting needle

 canvas

 needle

 photography

 yarn

43

chisel

 meditation

 palette

 dancing

 fishing

 bowling

 yoga

 baking

Instrumentos musicales:
Musical instruments

 piano

 flute

 keyboard

 saxophone

 guitar

 trumpet

 drums

 cello

 violin

 bass

clarinet

 tuba

 harp

 trombone

 accordion

 xylophone

 triangle

 harmonica

 pan flute

Juegos y juguetes: Games and toys

 video game

 stuffed animal

 chess

 toy car

 puzzle

 doll

 cards

 train set

 dice

 building blocks

action figure

 see-saw

 kite

 monkey bars

 jump rope

 hopscotch

 slide

 climbing frame

 swing

 ball pit

 sandbox

Ropa: Clothes

 t-shirt

 jacket

 shirt

 vest

 blouse

 trousers

 hoodie

 jeans

	bermuda shorts		dressing gown
	shorts		swimwear
	skirt		bikini
	underwear		swimsuit
	boxers		scrubs
	briefs		lab coat
	panties		suit
	bra		overalls
	shoes		tuxedo
	socks		apron
	stockings		chef's hat

sneakers

 overcoat

 boots

 coat

 rain boots

 tank top

 laced boots

 dress

 cleats

 romper

 sandals

 bodysuit

 flip-flops

 raincoat

 slippers

 top

 high heels

 graduation cap

 roller skates

 academic dress

 sweater

48

Accesorios: Accessories

 glasses

 headband

 sunglasses

 bobby pin

 scarf

 barrette

 handkerchief

 claw clip

 tie

 gloves

 bow tie

 earrings

 belt

 necklace

 beanie

 bracelet

 cap

 ring

 hair tie

 brooch

wristwatch

 briefcase

 wallet

 fanny pack

 key chain

 clutch

 satchel

 purse

 umbrella

 cane

Estaciones y clima: Seasons and weather

 summer

 sun

 fall

 cloud

 winter

 rain

 spring

 rainbow

 raindrop

 cloudy

 snowflake

 rainy

 snow

 snowy

 fog

 windy

 lightning bolt

 starry

 temperature

 storm

 hot

 tornado

 cold

 earthquake

 sunny

 tsunami

Tecnología: Technology

 smartphone

 speakers

 laptop

 GPS

 tablet

 drone

 smartwatch

 charger

 headphones

 powerbank

 remote control

 router

 game console

 app

 game controller, joystick

 robot

Adjetivos: Adjectives

thin	narrow
thick	big
new	small
old	tall
dirty	long
clean	short
heavy	strong
light	weak
broad	

Herramientas: Tools

 nail

 level

 hammer

 pliers

 drill

 measuring tape

 wrench

 paintbrush

 bolt

 toolbox

 screw

 crowbar

 screwdriver

 tape

 saw

 sandpaper

Materiales: Materials

 wood

 marble

 metal

 steel

 stone

 wool

 brick

 plastic

 glass

 thread

 paper

 cotton

 cardboard

 rope

 sand

 chain

 clay

 string

 concrete

Infraestructura urbana: Urban infrastructure

 bridge

 sidewalk

 tunnel

 gutter

 lighthouse

 street

 traffic light

 fountain

 bench

 dam

 street lamp

 train station

 crosswalk

 bus stop

 hydrant

Profesiones: Professions

 lawyer

 doctor

 nurse

 police officer

 postman, postwoman

 firefighter

 veterinarian

 singer

 hairdresser

 judge

 cook

 journalist

 actor, actress

 teacher

 dentist

 architect

 construction worker

 engineer

 scientist

 painter

 pilot

 astronaut

 farmer

 plumber

Diccionario

A

a lo largo de - along
a menudo - often
a solas - alone
a través - through
a través de - via
a veces - sometimes
abanico - fan
abedul - birch
abejorro - bumblebee
abierto - open
abogado defensor, abogada defensora - defense attorney
abogar - to advocate
abolición - abolition
abonar (plantas) - fertilize
abordaje - approach
abrasador - scorching
abrazar - to hug
abrazo - hug
abril - April
abrir - to open
abrir una brecha - to breach
abrumado - overwhelmed
abrumador - overwhelming
absolución - acquittal

absolutamente - absolutely
absoluto - absolute
abuela - grandmother
abuelo - grandfather
abuelos - grandparents (sin género)
aburrido (cosa) - boring, dull
aburrido (estado de una persona) - bored
académico - academic
acampar - to camp
acariciar - to stroke, to caress
accesibilidad - accesibility
accesible - accesible
acceso - access
accidente - accident
acción (actividad) - action
acción (valor, bono) - share
accionista - shareholder
aceituna - olive
aceleración - acceleration
acelerador - gas pedal
acelerar - to accelerate, to speed up

acento - stress, accent
aceptable - acceptable
aceptar - to accept,
  to agree
acompañamiento -
  accompaniment, side
  dish
acorazado - battleship
acre - acre
activo (posesión) - asset
actor - actor
actriz - actress
actuación - performance
actual - current
actualizar - to update
actualmente - currently
acuarela - watercolor
acuario - Aquarius
acueducto - aqueduct
acuerdo - settlement
acuífero - aquifer
acusado - defendant,
  accused
adaptador - adapter
adecuado - adequate
además - besides,
  furthermore, moreover
adicción - addiction
adiós - goodbye, bye
adivinar - to guess
adjetivo - adjective

adjuntar - to attach
administrador,
  administradora -
  administrator, admin
admirar - to admire
admisión - admission
ADN - DNA
adolescente - teenager,
  adolescent
adoptado - adopted
adoptar - to adopt
adoquín - cobblestone
adorar - to adore
adornar - to decorate,
  to adorn
adquirir - to acquire
adulto, adulta - adult
adverbio - adverb
aerografía - airbrushing
aerolínea - airline
aeropuerto - airport
afectar - to affect
afectuoso - affectionate
afeitarse - to shave
aficionado - amateur
afligido - sorrowful
afluente - tributary
afuera - outside
agacharse - to crouch
agarrar - to grab
agencia - agency

agente - agent
agitador - stirrer
agnosticismo - agnosticism
agosto - August
agraciado - graceful
agradable - pleasant, nice
agradecer - to thank
agricultura - agriculture
agridulce - bittersweet
agrietar - to crack
agrio - sour
agua - water
agua con gas - sparkling water
agua subterránea - groundwater
agua tónica - tonic water
aguacero - downpour
aguanieve - sleet
aguardar - to wait
aguas residuales - sewage
agudo - sharp
agujero - hole
ahora - now
ahorrar - to save
ahorro - saving
ahumado - smoky
aire - air

aire acondicionado - air conditioning
aislamiento - insulation, isolation
ajustado - tight-fitting
ajustar - to adjust
al lado - next to
ala - wing
alargado - elongated
alarma - alarm
alcalde, alcaldesa - mayor
alcalino - alkaline
alcance - reach
alcohol - alcohol
alegoría - allegory
alegre - joyful, cheerful
alemán, alemana - German
Alemania - Germany
alérgeno - allergen
alergia - allergy
alerta - alert
alfabetismo - literacy
alfabeto - alphabet
algo - something
algoritmo - algorithm
alguacil - bailiff, sheriff
alguien - someone
alianza - alliance
alien - alien

aliento - breath
alimentar - to feed
alistamiento - enlistment
aliteración - alliteration
alivio - relief
alma - soul
almacén - warehouse
almacenamiento - storage
almeja - clam
almirante - admiral
almuerzo - lunch
aloe vera - aloe vera
alojamiento -
    accommodation
alquiler - rent, lease
altitud - altitude
alto - stop
alto el fuego - ceasefire
altura - height
aluminio - aluminum
alusión - allusion, nod
alzar - to raise
ama de casa - housewife
amable - nice, kind
amanecer - sunrise,
    dawn, daybreak
amar - to love
amargo - bitter
amarillo - yellow
amasar - to knead
ambicioso - ambitious

ambos - both
ambulancia - ambulance
amenaza - threat
ametralladora - machine
    gun
amigable - friendly
amigo, amiga - friend
amistad - friendship
amor - love
amorío - fling, affair
amortiguado - muffled
anaconda - anaconda
analgésico - painkiller
análisis - analysis
analítico - analytical
analizar - to analyze
anarquía - anarchy
ancho (adjetivo) - wide
ancho (dimensión) - width
anchoa - anchovy
andamio - scaffolding
andar en puntas de pie -
    to tiptoe
andrajoso - shabby
anémona - anemone
**anestesiólogo,
    anestesióloga** -
    anesthesiologist
anexión - annexation
anexo - annex
anfibio - amphibian

anfiteatro - amphitheater

anfitrión - host

anfitriona - hostess

animación - animation

animado - animated

animar - to encourage

aniquilar - to annihilate

anís - anise

aniversario - anniversary

anoche - last night

ansiosamente - eagerly

ansioso - anxious

Antártida - Antarctic

anteayer - the day before yesterday

antena - antenna

anterior - previous

anteriormente - previously

antes - before

antibiótico - antibiotic

anticipar - to anticipate

antiguo - ancient, old, antique

antílope - antilope

anual - annual, yearly

anualmente - yearly

anunciar - to announce

anuncio (comunicado) - announcement

anuncio (publicitario) - advertisement

año - year

Año Nuevo - New Year's Eve

Año Nuevo Lunar - Lunar New Year

apagado - off

apagado (color) - muted

apagar - to shut down, to turn off

aparecer - to appear

apartamento - apartment

apelación - appeal

aplastar - to squash

aplauso - applause

apostar - to bet, to gamble

apóstrofo, apóstrofe - apostrophe

apoyar - to support

apoyo - support

apreciar - to appreciate

aprender - to learn

apresurado - hurried, hasty, rushed

apretar - to squeeze

apretón de manos - handshake

aprobación - approval

aprobar (un examen) - to pass

aprobar (una ley) - to pass

apropiadamente - properly

aproximadamente - approximately, roughly

arácnido - arachnid

arado - plow

arándano - blueberry

arándano rojo - cranberry

arbusto - shrub

archipiélago - archipelago

archivo - file

arco - arch

arenoso - gritty, sandy

arenque - herring

argot - jargon

aries - Aries

arista - edge

arma - weapon

armada - navy

armisticio - armistice

armonioso - harmonious

aromático - aromatic

arquitectura - architecture

arrastrándose - crawling

arrastrar - to drag

arrastrar los pies - to shuffle, to drag your feet

arrastrarse - to creep, to crawl

arrebatar - to snatch

arrecife de coral - coral reef

arreglar - to fix

arreglo - fix

arrendador, arrendadora - landlord

arrepentimiento - repentance, regret

arresto - arrest

arrodillarse - to kneel

arrogante - arrogant

arroyo - stream

arruga - wrinkle

arrugado - wrinkled

arruinar - to ruin

arte - art

Arte abstracto - Abstract art

Arte pop - Pop art

arteria - artery

Ártico - Arctic

articulación - joint

artículo - article

artículo (gramática) - article

artificial - artificial

artillería - artillery

artista - artist

artritis - arthritis

asado - barbecue

asalto - robbery, round (boxing), assault

asar - to grill

ascenso - promotion, ascent

asedio - siege

asegurar - to secure

asegurarse - to ensure

asentir - to nod

asequible - affordable

asesinato - murder, assassination

asfixia - suffocation, choking

asiento - seat

asiento de bebé para auto - car seat

asignatura - subject

asimismo - in addition, moreover

asistencia - assistance, attendance

asistente de vuelo - flight attendant

asistente legal - paralegal

asistir - to assist

asma - asthma

aspecto - aspect

aspersor - sprinkler

asqueroso - gross, disgusting

asteroide - asteroid

astillar - to chip, to splinter

Astronomía - astronomy

astuto - clever

asumir - to assume

asunto - issue

asustado - scared

atacar - to attack

ataque - attack

atardecer - sunset

ataúd - coffin

ateísmo - atheism

atención - attention

aterciopelado - velvety

atesorar - to treasure

atleta - athlete

atlético - athletic

atmósfera - atmosphere

atracón - binge

atrapar - to catch

atrapasueños - dreamcatcher

atrasado - delayed, overdue

atrevido - daring, bold

atributo - attribute

atronador - thundering

audaz - bold, courageous

audición - audition

audiencia - audience, hearing

auditorio - auditorium
aumentar - to raise
aumento - increase, rise
aun - still, yet
aunque - although, even though
Australia - Australia
australiano, australiana - Australian
auténtico - authentic
autobiográfico - autobiographical
autocracia - autocracy
autoestima - self-esteem
automático - automatic
autónomo, autónoma - self-employed, freelancer
autopista - highway
autor, autora - author
autoridad - authority
autorizado - authorized
avalancha - avalanche

avance (de película) - trailer
avance (en ciencia) - breakthrough
avance (paso adelante) - advance, progress
avanzado - advanced
avenida - avenue
aventura - adventure
avergonzado - ashamed, embarrassed
aviso - notice
ayer - yesterday
ayuda - help, aid
ayuda humanitaria - humanitarian aid
ayudar - to help, to aid
ayuno - fasting
ayuntamiento - town hall
azada - hoe
azucarado - sugary
azul - blue
azul marino - navy blue

B

babero - bib
bacalao - cod
bache - pothole
bachillerato - high school
bacteria - bacteria

bailar - to dance
baile - dance
baja (herido de guerra) - casualty
bajo - low

bala - bullet
balada - ballad
balancearse - to sway, to balance
balotaje - run-off
balsa - raft
bancarrota - bankruptcy
banda - band
bandada - flock
bandera - flag
bañarse - to bathe
baño público - public restroom
baobab - baobab
barajar - to shuffle, to consider
barato - cheap
barbero - barber
barbijo - surgical mask
barco de carga - cargo ship
barón - baron
baronesa - baroness
barra (signo de ortografía) - slash
barricada - roadblock
Barroco - Baroque
base - base, basis
base (maquillaje) - foundation
base de datos - database

básico - basic
bastante - quite, rather
basura - garbage, trash
bata de hospital - hospital gown
batalla - battle
batallón - battalion
batería - battery
batido - smoothie
batir - to whisk, to beat
baúl - trunk
bautismo - baptism
bautizo - baptism
bazo - spleen
bebé - baby
bebedero - drinking trough
beber - to drink
bebida - drink
beca - scholarship
belga - Belgian
Bélgica - Belgium
bendición - blessing
beneficio - benefit
bengala - flare
berrinche - tantrum
besar - to kiss
beso - kiss
biberón - (baby) bottle
biblia - bible
bibliotecario, bibliotecaria - librarian

bien - okay, good
bienes - goods
bienes raíces - real estate
billete - bill
billón - trillion
biodegradable -
  biodegradable
biodiversidad -
  biodiversity
biografía - biography
biología - biology
biomasa - biomass
bioquímica - biochemistry
bisabuela - great-
  grandmother
bisabuelo - great-
  grandfather
bisturí - scalpel
blanco - white, target
blando - squishy, soft
blindaje - armor
bloque - block
boa constrictor - boa
  constrictor
bocetado - sketching
boceto - draft, sketch
bocina (amplificador) -
  speaker
bocina (claxon) - horn
boda - wedding
boleto - ticket

boletos - tickets
boliviano, boliviana -
  Bolivian
bolsa de aire - airbag
bombardeo -
  bombardment, bombing
bonito - pretty
bordado - embroidery
bordó - burgundy
borrador - draft
borrar - to delete
borroso - blurry, fuzzy
bostezar - to yawn
bostezo - yawn
botánica - botany
bote - boat
botón - button
brasilero, brasilera -
  Brazilian
breve - brief
brigada - brigade
brigadier - brigadier
brillante (que refleja luz) -
  bright, shiny, glossy
brillante (sobresaliente) -
  brilliant
brillo labial - lip gloss
brindar - to provide
brisa - breeze
brocha - paint brush
broche (cierre) - clasp

bronce - bronze
bronquitis - bronchitis
brote - bud, sprout
bruja - witch
bruma - mist
brumoso - foggy
bruscamente - roughly
Bruselas - Brussels
brutalista - Brutalist
bucear - to scuba dive
buceo - scuba diving
budismo - Buddhism

bueno - good, fine
buey - ox
bujía - spark plug
bulevar - boulevard
bungaló - bungalow
buscador (informática) -
  search engine
buscar - to search,
  to look for
búsqueda - search
búsqueda del tesoro -
  treasure hunt

C

cabal - comprehensive
caballa - mackerel
caballería - cavalry
caballero (hombre) -
  gentleman
caballero (medieval) -
  knight
cabaña - cottage, cabin
cabina de mando -
  cockpit
cable - wire, cord, cable
cabo - corporal
cada - each, every
cada día - every day
cada semana - every week

cadáver - corpse
caja - box
caja fuerte - safe
caja registradora - cash
  register
cajero, cajera - cashier
cajón (caja grande) -
  crate
cajonera - dresser,
  cabinet
calambre - cramp
calcio - calcium
cálculo - calculation,
  calculus
calefacción - heating

calentamiento global - global warming
calidad - quality
calidez - warmth
calificación - mark, grade, score
caligrafía - calligraphy
callado - quiet, hushed
calle sin salida - dead end
callejón - alley
calmado - calmed
calmante - soothing, calming
calvo - bald
calzada - causeway, pavement
calzado - footwear
camada - litter
camaleón - chameleon
cámara (habitación) - chamber
camarera - waitress
camarero - waiter
cambiador - changing table
cambiar - to change
cambiar de marcha - to shift gears
cambio climático - climate change

camilla - stretcher
caminar - to walk
camino - road, path, drive
camión volquete - dump truck
camioneta - pickup truck
campamento - camp, camping
campaña - campaign
campo de entrenamiento - boot camp
campos - fields
campus - campus
canadiense - Canadian
canal (cauce) - canal
canal (vía) - channel
canario - canary
cáncer - cancer
canción - song
canciones de cuna - lullabies
canciones infantiles - nursery rhymes
candado - lock
candidato - candidate
canela - cinnamon
canoa - canoe
canola - canola
canoso - gray haired
cansado - tired, weary
cansarse - to tire

cantar - to sing
cantidad - quantity
cantimplora - canteen, water bottle
cañón - canyon
caos - chaos
capacidad - capacity, ability
capacitación - training
capibara - capybara
capilla - chapel
capital - capital
capitalismo - capitalism
capitán - captain
capricornio - Capricorn, Capricornus
capturar - to catch, to seize
capucha - hood
característica - feature, characteristic
carbohidratos - carbohydrates, carbs
carbón - coal
carcajear - to cackle
cardamomo - cardamom
cardiólogo, cardióloga - cardiologist
cardumen - school of fish
cargar - to carry, to load
caridad - charity

caries - cavity
cariño - fondness, darling
cariñoso - loving
carismático - charismatic
carnaval - carnival
carne - meat
carne picada - mince
caro - expensive
carpincho - capybara
carpintero - carpenter
carretera de alta velocidad - freeway
carretilla - wheelbarrow
carril - lane
carrito - cart
carrito de compras - shopping cart
carta - letter
cartucho - cartridge
casa de campo - farmhouse
casa móvil - mobile home
casado - married
casarse - to marry
cáscara - peel, shell, skin
casi - almost
casi nunca - hardly ever
casino - casino
caso - case
castaño - brunette
casual - casual

catálogo - catalog
categoría - category
caucho - rubber
causa - cause
cauteloso - cautious
cavar - to dig
caza - hunting
cazador, cazadora - hunter
cazar - to hunt
cebolla colorada - red onion
cebolleta - chives
ceda el paso - give way
ceder el paso - to give way
cedro - cedar
cegador - blinding
celebración - celebration
celebridad - celebrity
celeste - light blue
célula - cell
cementerio - cemetery
cemento - cement
cena - dinner, supper
cénit - zenith
centelleante - twinkling
centímetro - centimeter
centro - center
centro comercial - shopping mall

centro comunitario - community center
centro de la ciudad - downtown
centro urbano - inner city
ceño fruncido - frown
cepillar - to brush
cerca - close
cerdo (carne de cerdo) - pork
ceremonia - ceremony
cerezo - cherry tree
cero - zero
ceroso - waxy
cerrado - closed
cerrar - to close
cerrar con llave - to lock
certificado - certificate
certificado de defunción - death certificate
cerveza tirada - draft beer
cesar - to cease
cetogénico - ketogenic
chamán - shaman
carácter - character
charla - chat, talk
cheque - check
chico, chica - kid, small (size)
chileno, chilena - Chilean

chino mandarín - Mandarin Chinese
chino, china - Chinese
chirriante - squeaky
chisporroteante - sizzling
choque - crash
chubasco - shower, squall
chuleta - chop
chupete - pacifier
cicatriz - scar
ciego - blind
cielo (firmamento) - sky
cielo (paraíso) - heaven
cien - hundred
ciénaga - bog
ciencia ficción - science fiction
cierre - zipper, zip
ciertamente - certainly
cigarro - cigar
cilantro - cilantro
cima de la colina - hilltop
cimiento - foundation
cinco - five
cincuenta - fifty
circuito - circuit
círculo - circle
circuncisión - circumcision
circunferencia - circumference

cirugía - surgery
cirujano, cirujana - surgeon
cita (mención) - quote
cita (reunión) - appointment
citación judicial - subpoena
ciudad-estado - city-state
ciudadano, ciudadana - citizen
clara - egg white
claramente - clearly
claro - clear
clase - class
clásico - classic
cláusula - clause
clavel - carnation
clavícula - collarbone
clavo de olor - clove
claxon - horn
cliente - customer, client
clímax - climax
club - club
coalición - coalition
cobayo - guinea pig
cobertura - coverage
cobre - copper
cochecito - stroller
cocinar - to cook
codicioso - greedy

código - code
código postal - zip code
codorniz - quail
cognado - cognate
cojear - to limp
cola (de animal) - tail
cola de caballo (peinado) - ponytail
colección - collection
coleccionar - to collect
coleccionista - collector
colegio electoral - electoral college
colesterol - cholesterol
colinas - hills
collar (para mascota) - collar
colocar - to place
colombiano, colombiana - Colombian
coronel - colonel
colonia - colony
colonización - colonization
colores - colors
colorido - colorful
colosal - colossal
columna - column
colza - canola
coma - comma
comandante - commander
comando - command

combate - combat
combinar - to combine
combustible - fuel
comedia - comedy
comedia romántica - romcom
comentario - comment
comenzar - to commence, to start
comer - to eat
comercial - commercial
comestibles - edibles
cometa - comet
comienzo - beginning, start
comilla - quotation mark
comino - cumin
comisión electoral - electoral commission
comité - committee
communication - comunicación
como - like, as
cómo - how
comodoro - commodore
compactador - compactor
compacto - compact
compañero, compañera - partner, fellow, collegue

compañía - companionship, troupe
comparación - comparison
comparar - to compare
compartido - shared
compartimiento - compartment
compartir - to share
compasivo - compassionate
compensación - compensation
competencia - competition, competence
complejo - complex
complemento directo - direct object
complemento indirecto - indirect object
completar - to complete
completo - complete
composición - composition
compost - compost
compostaje - composting
compra - purchase
compra uno y llévate otro gratis - buy one, get one free

comprador - buyer
comprar - to buy
comprender - to understand, to comprehend
compromiso - commitment, engagement
compuerta - floodgate
compuesto - compound
común - common
comunidad - community
comunión - communion
comunismo - communism
con - with
con baches - bumpy
conceder - to grant, to concede
concierto - concert
conciso - concise
concluir - to conclude
conclusión - conclusion
concordancia - agreement
condado - county
conde - count
condesa - countess
condición - condition
condimentado - seasoned
condimentar - to season

condominio - condo
conducir - to drive, to conduct
conectar - to connect
conectividad - connectivity
conector - connector
conferencia - conference
confesión - confession
confiable - trustworthy
confiado - confident
confianza - trust
configuración - configuration, settings
confirmado - confirmed
confirmar - to confirm
conflicto - conflict
confundido - confused
congelado - frozen, freezing
congestión - congestion
congreso - congress
conjunción - conjunction
conjunto - set
conocer - to know, to meet
conocimiento - knowledge
conquistar - to conquer, to win
consecuencia - consequence

consejo (opinión) - advice, tip
consejo (órgano consultivo) - council
conserje - janitor
conservación - conservation
conservadurismo - conservatism
considerado - considerate, thoughtful
considerar - to consider
consola - console
consonante - consonant
constante - steady, constant, consistent
constantemente - constantly
constitución - constitution
constitucional - constitutional
construir - to build, to construct
consultar - to consult, to ask
consumidor - consumer
consumo - consumption
contador - counter
contador, contadora - accountant
contaminación - pollution

contar - to count, to tell

contacto - contact, touch

contemplar - to contemplate

contener - to contain

contenido - content

contento - happy, glad, content

contexto - context

continente - continent

continuar - to continue

continuo - continuous

contraataque - counterattack

contract - contrato

contracubierta (de libro) - back cover

contrainterrogatorio - cross-examination

contraseña - password

contratar - to hire

contrato - contract

contrato de arrendamiento - lease

conveniente - convenient

conversación - conversation, talk

convertible - convertible

coordenada - coordinate

coordinación - coordination

coordinador, coordinadora - coordinator

copa (de vino) - wine glass

copia - copy

copiar - to copy

corán - Quran

corchete - square bracket

corcho - cork

cordero - lamb

Corea del Sur - South Korea

coreano, coreana - Korean

coro - choir

corona - crown

corona funeraria - wreath

corporación - corporation

corpulento - burly, hefty

correa (de reloj) - watch band

correa (para perro) - leash

corrección de textos - proofreading

correctamente - correctly

correcto - correct, right

corregir - to correct

correo no deseado - spam

correoso - leathery
corriente (del agua) - current
corrosivo - corrosive
corrupto - corrupt
cortar - to cut
corte - cut
cortejo fúnebre - funeral procession
corteza - bark, crust
corto plazo - short-term
cosa - thing
cosecha - harvest
cosechar - to harvest
cosméticos - cosmetics
costo - cost
costumbre - custom, tradition
costurera - seamstress
creación - creation
crear - to create
creativo - creative
crecer - to grow
crecer (cosas) - to rise
crecer (personas) - to grow up
crecimiento - growth
crédito - credit
crédulo - gullible
creencia - belief
creer - to believe

crema agria - sour cream
cremación - cremation
cresta - crest
criar (animales) - to breed
criar (niños) - to raise, to bring up
criatura - creature
crimen - crime
crímenes de guerra - war crimes
criminal - criminal
criptomoneda - cryptocurrency
crisis - crisis (pl: crises)
cristianismo - Christianity
crítica - review, critique
crol (estilo de natación) - front crawl
cronograma - schedule
cruce de ferrocarril - railroad crossing
cruce peatonal - zebra crossing, pedestrian crossing
crucero - cruise
crudo - raw
cruel - cruel
cruz - cross
cruzar - to cross
cuaderno de bocetos - sketchbook

cuadra - block
cuadrado - square
cuadrícula - grid
cuál - which
cualquiera - anyone
cuándo - when
cuánto - how much
cuarenta - forty
cuartel - barracks
cuarto - fourth
cuarto (1/4) - quarter
cuatro - four
cubano, cubana - Cuban
cubierta (de libro) - (book) cover
cubiertos - cutlery
Cubismo - Cubism
cubo - cube
cuchillo de esculpir - sculpting knife
cucurucho - ice-cream cone
cuenca - basin
cuenta (cálculo) - calculation
cuenta (de usuario) - account
cuenta (precio total) - check, bill
cuenta corriente - checking account

cuenta de ahorros - savings account
cuentapropista - freelancer, self-employed
cuento - short story
cuento de hadas - fairy tale
cuerno - horn
cuero - leather
cuidado - care
cuidadosamente - carefully
cuidadoso - careful
cuidar - to care
culpable - guilty
cultivar - to grow
cultivo - crop
culto - knowledgeable, cult
cultura - culture
cumbre - summit
cumpleaños - birthday
cumplimiento - compliance
cuñada - sister-in-law
cuñado - brother-in-law
cuórum - quorum
cupé - coupe
cupón - coupon
cúpula - dome
curador - curator
curar - to heal

cúrcuma - turmeric
currículum vitae -
  resume, curriculum
curso - course

curtido - weathered
curva - curve
curvilíneo - curvy
curvo - curved

D

daga - dagger
dama - lady
danés, danesa - Danish
daño - damage
dar comienzo - to kick
  off, to start
dar marcha atrás -
  to reverse
dar palmaditas - to pat
darse cuenta - to realize
darse por vencido -
  to give up
darse un festín - to feast
de hecho - in fact
de moda - trendy,
  fashionable
de nuevo - again
de repuesto - spare
de vez en cuando -
  every now and then,
  sometimes
deambular - to wander
debate - debate,
  discussion

debatir - to debate,
  to discuss
deber - duty
deber hacer - must
débil - weak, feeble
década - decade
decepcionante -
  disappointing
decepcionar -
  to disappoint
decimal - decimal
décimo - tenth
decir - to say
decisión - decision
declaración - declaration
declarar - to state,
  to declare
declinar - to decline
decoración - decoration
decoración del hogar -
  home decor
decorar - to decorate
dedicar - to dedicate,
  to devote

defensa - defense
defense propia - self-defense
defensor, defensora - defender
deficiente - deficient
definición - definition
definido - defined
definir - to define
definitivamente - definitely
deforestación - deforestation
delantero, delantera - forward
deleitarse - to relish, to enjoy
delicioso - delicious
delineador - eyeliner
delito grave - felony
delito menor - misdemeanor
delta - delta
demacrado - haggard
demanda (acción judicial) - lawsuit
demanda (pedido del consumidor) - demand
democracia - democracy
demoler - to demolish
densidad - density
dentado - jagged

dentro - within, inside
dependiente - dependent
deportivo - sport, sporty
depósito - deposit, storage (place)
deprimido - depressed
depth - profundidad
derecho (estudio de las leyes) - law
derecho (poder para algo) - right
derecho (recto) - straight
derecho ambiental - environmental law
derecho civil - civil law
derecho constitucional - constitutional law
derecho corporativo - corporate law
derecho de familia - family law
derecho de propiedad intelectual - intellectual property law
derecho fiscal - tax law
derecho internacional - international law
derecho laboral - labor law
derecho penal - criminal law

derechos civiles - civil rights

derechos de autor - copyright

derechos de propiedad - property rights

derechos humanos - human rights

derivar - to derive

derrota - defeat

derrumbe - collapse, landslide, cave-in

desacelerar - to slow down, to decelerate

desactualizado - outdated

desafío - challenge, dare

desagradable - unpleasant, nasty, disgusting

desaliñado - scruffy, disheveled

desalojo - eviction

desaprobar - to disapprove, to fail

desaprovechar - to squander, to miss/waste (an opportunity)

desarrollado - developed

desarrollar - to develop

desarrollo - development

desastre natural - natural disaster

desayuno - breakfast

descansar - to rest

descarga - download, unload, discharge

descargar - to download, to unload

desconsiderado - thoughtless, inconsiderate

descontinuar - to discontinue

describir - to describe

descripción - description

descriptivo - descriptive

descubrimiento - discovery

descubrir - to discover

descuento - discount

desde - from, since

desear - to wish, to hope

desembocadura del río - mouth of the river

desempleo - unemployment

desencadenar - to trigger

deseo - wish, desire

desfibrilador - defibrillator

desfile - parade, runway

desganado - listless, apathetic

deshonesto - dishonest

desinteresado - selfless

deslizante - sliding

deslizarse - to slide

deslumbrante - dazzling, stunning

desmalezar - to weed

desmantelar - to dismantle

desmaquillante - makeup remover

desmaquillarse - to remove makeup

desmayarse - to faint

desobediencia civil - civil disobedience

desorden - clutter, mess

desordenado - untidy, messy

despedazar - tear apart

despedida de soltera - bachelorette party

despedida de soltero - bachelor party

despedir - to fire, to lay off, to say goodbye

despeinado - shaggy, disheveled

despejado - clear

desperdiciar - to waste

despertar - to wake up

despido - layoff, firing

despliegue - deployment, display

después - after

destrozar - to destroy, to smash

destruir - to destroy, to wreck

desvanecido - faded

desventaja - disadvantage

desvestirse - to undress

desvío - detour

detalle - detail

detenerse - to stop

deteriorar - to deteriorate

determinante - determining, decisive

deuda - debt

devolver - to return

devorar - to devour

día - day

Día de Acción de Gracias - Thanksgiving

Día de la Independencia - Independence Day

Día de los Muertos - Day of the Dead

Día de Muertos - All Souls' Day

Día de San Valentín -
  Valentine's Day
día festivo - holiday
diabetes - diabetes
diagnosticar -
  to diagnose
diagnóstico - diagnosis
diagonal - diagonal
diagrama - diagram
diagrama de flujo - flow
  chart
dialecto - dialect
diálogo - dialogue
diamante - diamond
diámetro - diameter
diario (frecuencia) - daily
diario (libro personal) -
  diary, journal
diario (periódico) -
  newspaper
dibujar - to draw
dibujo animado - cartoon
dibujo con carbón -
  charcoal drawing
diccionario - dictionary
diciembre - December
dictadura - dictatorship
diésel - diesel
diez - ten
diferencia - difference
diferente - different

difunto - deceased
digital - digital
dígito - digit
diluvio - deluge,
  downpour
dimensión - dimension
diminuto - tiny
dinámica - dynamics
dinamita - dynamite
dinero - money
dinosaurio - dinosaur
Dios - God
diplomacia - diplomacy
diplomático - diplomat,
  diplomatic, tactful
diptongo - diphthong
diputado, diputada -
  representative
dirección - direction
dirección (supervisión) -
  management
dirección (ubicación) -
  address
directamente - directly
director, directora -
  director
**director, directora
  (de escuela)** - (school)
  principal
discapacidad - disability
disciplina - discipline

disciplinado - disciplined
discordante - discordant
discretamente - discreet, lowkey
discriminación - discrimination
discurso - speech
discusión - argument
discutir - to argue
diseñador gráfico - graphic designer
diseñador, diseñadora - designer
diseñar - to design
diseño - design
disfraz - costume
disfrutar - to enjoy
disgustar - to dislike
disolvente - solvent
disparates - nonsense
disponible - available
dispositivo - device
distancia - distance
distante - aloof, distant
distintivo - distinct
distinto - different
distraído - distracted
distribución - distribution
distrito - district
distrito comercial - shopping district

distrito electoral - electoral district
distrito financiero - business district
diverso - diverse
divertido - fun
divisar - to spot
división - division
divorciado - divorced
divorcio - divorce
doblar - to turn, to fold
docena - dozen
dócil - docile, meek
documentación - documentation
documental - documentary
documento - document
dolor - pain
dolor de cabeza - headache
dolorido - sore
doloroso - painful
dominar - to dominate
domingo - Sunday
dominio - domain
donación - donation
donante - donor
donar - to donate
dónde - where
dorado - golden
dormir - to sleep

dormitorio - dorm, dormitory, bedroom
dos - two
dosis - dosage
dragón - dragon
drama - drama
droga - drug
drop - gota
ducharse - to shower

duda - doubt
dudar - to doubt
dueño, dueña - owner
dulce - sweet
dúplex - duplex
duque - duke
duquesa - duchess
durante - during, for
duro - hard

E

echar un vistazo - to glance, to take a look
echar una mano - to lend a hand, to help
ecología - ecology
ecológico - eco-friendly
economía - economics, economy
ecosistema - ecosystem
ecoturismo - ecotourism
ecuación - equation
ecuador - equator
ecuatoriano, ecuatoriana - Ecuadorian
edad - age
edificar - to build
edificio - building
edificio de apartamentos - apartment building

edificio de oficinas - office building
editar - to edit
educación - education
educación física - physical education, PE
educado - polite, educated
efecto - effect
efecto especial - special effect
efectos secundarios - side effects
efectos visuales - visual effects, vfx
eficiencia energética - energy efficiency
eficiente - efficient
egipcio, egipcia - Egyptian

Egipto - Egypt
egoísta - selfish
ejecución hipotecaria - foreclosure
ejecutar - to execute
ejemplo - example
ejercicio - exercise
ejercitarse - to exercise
ejército - army
el - the
elaborar - to craft, to develop
elección - choice
elección (votación) - election
electricidad - electricity
electricista - electrician
eléctrico - electric
electrónico - electronic
electrónicos - electronics
elegante - elegant
elegantemente - elegantly
elegía - elegy
elegir - to choose
elemental - elementary, elemental
elemento - element
elevador - elevator, lift
ella - she, her
ellos - they, them

email - correo electrónico, email
emancipación - emancipation
embalse - reservoir
embarazada - pregnant
embarazo - pregnancy
embarcadero - pier
embarcar - to embark
emboscada - ambush
embotellamiento - traffic jam
embrague - clutch
emergencia - emergency
emitir - to issue
emoción - emotion
emisión de carbono - carbon emission
empalagoso - cloying, sickly
empapado - soaked
empate - tie
emperador - emperor
emperatriz - empress
empezar - to begin, to commence
empleado, empleada - employee
empleador - employer
empleo - employment

emprendedor, emprendedora - entrepreneur

empresario, empresaria - businessman, businesswoman

empuñadura - hilt

en - at

en contra - against

en forma - fit, in shape

en frente a - across, in front

en realidad - actually

en vivo - live

enamorado - in love

encaje - lace

encantado - pleased, delighted

encantador - charming

encarcelamiento - incarceration

encargo - assignment

encender - to ignite, to turn on

encendido - on

encoger los hombros - to shrug

encogimiento de hombros - shrug

encrespado - frizzy

encuentro - meet, gathering

encuesta - poll, survey

eneldo - dill

enemigo - enemy

energía alternativa - alternative energy

energía eólica - wind energy

energía geotérmica - geothermal energy

energía hidroeléctrica - hydroelectric power

energía renovable - renewable energy

energía solar - solar energy

energía verde - green energy

enérgico - energetic, vigorous, brisk

enero - January

enfermedad - disease, sickness

enfermedad del corazón - heart disease

enfermo - ill, sick

enfocado - focused

engañar - to cheat, to deceive

engañoso - deceitful
engranaje - gear
engullir - to gobble
enjambre - swarm
enjuague bucal - mouthwash
enjuto - gaunt
enlucido - plastering
enmienda - amendment
enojado - angry, mad
enorgullecerse - to feel proud
enorme - enormous
enredado - tangled
ensamblar - to assemble
ensayo (de obra) - rehearsal
ensayo (escrito) - essay
ensayo (prueba) - test, trial
enseñanza - teaching
enseñar - to teach
ensordecedor - deafening
entidad - entity
entidad benéfica - charity
entierro - burial
entonación - intonation
entrada (boleto) - ticket
entrada (plato al inicio de la comida) - starter

entrada (puerta) - entrance
entrada de autos - driveway
entregar - to deliver, to hand over
entrenador, entrenadora - coach
entrevista - interview
entrevistar - to interview
entusiasmado - excited
enunciar - to enunciate, to state
enviar - to send
enviar (productos) - to ship
envidioso - envious
envío (de productos) - shipping
envío gratis - free shipping
envolver - to wrap
envolver al bebé - swaddle
enzima - enzyme
epilepsia - epilepsy
episodio - episode
epopeya heroica - heroic epic
equidad - equity

equipaje - luggage
equipamiento - equipment
equipo - team
equivalente - equivalent
errático - erratic
error - error, mistake
erudito - scholar, erudite
esa - that
esas - those
esbelto - slender, slim, lean
escala (parada) - stop, layover
escala (proporción, notación musical) - scale
escalera mecánica - escalator
escalofriante - chilling, creepy, eerie
escalón - step
escapar - to escape
escarcha - frost
escena - scene
escenario (de teatro) - stage
escenario (lugar) - setting
escéptico - skeptic
esclavo, esclava - slave
Escocia - Scotland
escoger - to pick, to choose

escondidas - hide and seek
escopeta - shotgun
escorpio - Scorpius
escribano, escribana - notary
escribir - to write
escrito - written, writing
escritor, escritora - writer
escritura (documento de propiedad) - deed
escritura sagrada - scripture
escuadrón - squad
escuela intermedia - middle school
escuela primaria - elementary school, primary school
escultor - sculptor
ese - that
esfera - sphere
esfuerzo - effort
esmalte de uñas - nail polish
eso - it
esos - those
espacio - space
espacio verde - green space
espada - sword

espalda (estilo de natación) - backstroke
espantoso - hideous
español, española - Spanish
espasmódico - jerky
especial - special
especialista - specialist
especie - species
especificación - specification
especificar - to specify
especular - to speculate
espejo lateral - side mirror
espejo retrovisor - rearview mirror
espera - wait
esperanza - hope
esperanzado - hopeful
esperar - to wait
esperar (desear) - to hope
espíritu - spirit
espolvorear - to sprinkle
esponjoso - fluffy
esporádicamente - sporadically
esposa - wife
esposo - husband
espuma - foam

esquí - ski
esquina - corner
esquivar - to dodge, to duck
estabilidad - stability
establecer - to establish
establo - stable
estaca - peg
estación - station
estación (del año) - season
estacionar - to park
estado - state
Estados Unidos - United States of America, United States, USA, America
estadounidense - American
estampado - print
estampilla - stamp
estándar - standard
estantes - shelves
estas - these
este (punto cardinal) - east
esternón - sternum
estilo - style
estirar - to stretch
Estocolmo - Stockholm
estómago - stomach

estornudar - to sneeze

estos - these

estrategia - strategy

estratégico - strategic

estrecho - narrow, tight, strait (water passage)

estrella - star

estrella de cine - movie star

estreno de película - movie premiere

estresado - stressed

estridente - shrill, loud

estrofa - stanza

estructura - structure, framing

estrujar - to squeeze

estuario - estuary

estudiante - student

estudiante de cuarto año - senior

estudiante de primer año - freshman

estudiante de segundo año - sophomore

estudiante de tercer año - junior

estudiar - to study

etiqueta - tag, label

etiqueta (en prenda de vestir) - label

etiqueta (identificación) - tag

etiqueta (normas) - etiquette

eucalipto - eucalyptus

eufórico - euphoric, elated

evaluación - assessment, evaluation

evaluar - to assess, to evaluate

evento - event

evento deportivo - sporting event

eventualmente - eventually

evidencia - evidence

evidente - evident, clear

evitar - to avoid

evolución - evolution

ex - former, ex

examen - exam

examinar - to examine

excavación - excavation

excavadora - excavator

excavar - to excavate

exceder - to exceed

excelente - excellent

excéntrico - eccentric

excitable - excitable

exclusivo - exclusive

existencia - existence
exitoso - successful
expansión urbana - urban expansion
expectativa - expectation
experimental - experimental
experimento - experiment
expirar - to expire
explicación - explanation
exploración - exploration
explorar - to explore
exponer - to expose, to exhibit, to present
exportación - export
exportar - to export
exposición - exhibition, presentation

expositivo - expository
expresión - expression
Expresionismo - Expressionism
exquisito - exquisite
extasiado - ecstatic
extender - to extend, to spread out
externo - external
extradición - extradition
extranjero - foreign, foreigner
extrarradio - exurbs
extremo - extreme
extrovertido - outgoing, extrovert
exuberante - luscious, exuberant

F

fábrica - factory
fabricante - manufacturer
fabuloso - fabulous
facilitar - to facilitate
factor - factor
factura - bill, invoice
falla - fault, failure, malfunction
fallado - flawed
fallar - to fail

falsificar - to falsify, to fake
falso - false, fake
familia - family
famoso - famous
fanático, fanática - fan, fanatic
fantasía - fantasy
fantasma - ghost
fantástico - fantastic
faringe - pharynx

farmacéutico, farmacéutica - pharmacist
farola - streetlight
fatigado - fatigued
fauna - fauna
favor - favour
favorito - favorite
fe - faith
febrero - February
fecha - date
federación - federation
federalismo - federalism
feliz - happy, merry
felizmente - happily
femenino - feminine, female
femenismo - feminism
fénix - phoenix
feo - ugly
feria - fair
feriado nacional - public holiday
ferry - ferry
fertilizante - fertilizer
festival - festival
feudalismo - feudalism
fianza - bail
ficción - fiction
fiebre - fever
fijo - fixed

fila - row
Filipinas - Philippines
filipino, filipina - Filipino
filoso - sharp
filosofía - philosophy
filtración - filtration, leak, seepage
filtro - filter
filtro de aire - air filter
fin - end
fin de semana - weekend
finalizar - to finish, to end, to complete
finalmente - finally
financiero - financial
fingir - to pretend, to fake
finlandés, finlandesa - Finnish
fino - fine, thin, refined
firma - signature
firmar - to sign
fiscal - tax, fiscal, prosecutor
Física - physics
flaco - skinny, thin
flauta dulce - recorder, flute
flecha - arrow
flequillo - bangs, fringe
fletán - halibut
flor de loto - lotus flower
flora - flora

flota - fleet
flotar - to float
fluidamente - fluently, smoothly
fluido - fluid
foco - focus
folklórico - folk, folkloric
fondo - bottom, background
fondos - funds
fonema - phoneme
formal - formal
formar - to form
formato - format
fórmula - formula
formulario - form
fornido - stocky, burly
foro - forum
fortalecer - to strengthen
forzar - to force
fósforo - match
fósil - fossil
foto - photo, picture
fotógrafo - photographer
fracasado - failure, unsuccessful, loser
fracasar - to fail
fracción - fraction
fracturar - to fracture
fragante - fragrant
frambuesa - raspberry

francés, francesa - French
Francia - France
franco - franc, honest
frase - phrase
fraude - fraud
frecuencia - frequency
frecuente - frequent
frecuentemente - frequently
freír - to fry
freno - brake
freno de emergencia - emergency brake
freno de mano - handbrake
frente a - opposite, in front of
fresco - fresh, cool
frijol - kidney bean
frijol negro - black bean
frontera - frontier, border
fruncir el ceño - to frown
fruto seco - nut
fuego - fire
fuegos artificiales - fireworks
fuente - source, fountain
fuente termal - hot spring
fuerte - strong, loud
fuertemente - strongly, heavily, loudly

fuerza - force, power, strength
fuerza aérea - air force
fuerzas especiales - special forces
fugaz - fleeting
fumar - to smoke

función - function
funcional - functional
funda - case
furioso - furious
fusión - fusion, merger
futurista - futuristic
futuro - future

G

gachas - gruel, oatmeal, porridge
galaxia - galaxy
galería - gallery
galerista - gallerist
galón - gallon
galopante - galloping
ganado - livestock
ganado vacuno - cattle
ganador - winner
ganancia - earnings, profit
gancho - hook
garantía - warranty
garbanzo - chickpea
garra - claw
gas - gas
gas de efecto invernadero - greenhouse gases
gasa - gauze
gaseosa - soda, soft drink

gasolina - gasoline, gas
gastado - worn-out
gastar - to spend
gatear - to crawl
gato (de coche) - car jack
géiser - geyser
gélido - icy, frigid
gemelo - identical twin
géminis - Gemini
gen - gene
generador - generator
general - general
generar - to generate
género - gender
género (estilo) - genre
generoso - generous
genética - genetics
genial - great
genoma - genome
genuino - genuine
geografía - geography

germinar - to germinate

gerundio - gerund

gestionar - to manage

gigante - giant, huge

ginseng - ginseng

girar - to turn, to spin, to twist

giro en U - U-turn

glamoroso - glamorous

globo - balloon

globo terráqueo - globe

gloria - glory

glorieta - gazebo

glucosa - glucose

gluten - gluten

gnomo - gnome

gobernador - governor

gobierno - government

gol - goal

golfo - gulf

golpe de estado - coup d'état

golpear - to hit, to beat, to strike

goma de mascar - chewing gum

gordo - fat

gota - drop

gótico - Gothic

grabado - engraving, etching

grabadora - recorder

gracia - grace

gracioso - funny

grada - stand, bleacher

grado (curso) - grade

grado (escala, valor) - degree

graduación - graduation

graduado, graduada - graduate

gradual - gradual

gráfico - graphic, graph, chart

gráfico de barras - bar chart

gráfico de torta - pie chart

gramo - gram

Gran Bretaña - Great Britain

granada - grenade

granas - sprinkles

grande - big, large

granero - barn

granizo - hail

granja - farm

grano (de cereal) - grain

grano (en la piel) - pimple, zit

grasa - fat, grease

grasoso - greasy

gratis - free

grava - gravel
gravedad - gravity
gremio - guild, union
griego, griega - Greek
gripe - flu
gritar - to scream, to shout, to cry out
grito - scream, cry
grosero - rude
grúa - crane
gruñir - to grunt
gruñón - grumpy
grupo - group
guapo - handsome
guardar - to save
guardia - guard
guatemalteco, guatemalteca - Guatemalan

guerra - war
guerra civil - civil war
guerra de guerrillas - guerrilla warfare
guerra fría - cold war
guerra mundial - world war
guía - guide
guiar - to guide
guiñar - to wink
guiño - wink
guion (signo de ortografía) - hyphen, dash
guion (texto de película) - script, screenplay
guisante - pea
gurú - guru
gustar - to like

H

habitante - inhabitant
habitualmente - usually, commonly, often
hablador - talkative
hablar - to talk
hacer - to do
hacer añicos - to shatter, to smash

hacer senderismo - to hike, to trek
hacer snorkel - to snorkel
hacer una lluvia de ideas - to brainstorm
hacia - towards
hallar - find
hámster - hamster

hasta - until
hasta ahora - so far
hebilla (de cinturón) - buckle
hechicero - wizard
hechizo - spell
hectárea - hectare
height - altura
helada - frost
helado - icy, frosty
helecho - fern
helicoptero - helicopter, chopper
hembra - female
hemisferio - hemisphere
heno - hay
heredera - heiress
heredero - heir
herencia (legado físico) - inheritance
herencia (legado genético) - heredity
herencia (patrimonio cultural) - heritage
herida - wound
herir - to wound, to hurt
hermana - sister, sibling
hermanastra - stepsister
hermanastro - stepbrother
hermano - brother, sibling

hermoso - beautiful, gorgeous
héroe - hero
herradura - horseshoe
hervir - to boil
hiato - hiatus
híbrido - hybrid
hielo - ice
hiena - hyena
hierba - herb
hierbabuena - peppermint
hierro - iron
hígado - liver
hija - daughter, child
hijo - son, child
hindi - Hindi
hinduismo - Hinduism
hipérbole - hyperbole
hipo - hiccup
hipócrita - hypocritical
hipoteca - mortgage
hipotermia - hypothermia
hipótesis - hypothesis
hirviendo - boiling
historia (ciencia) - history
historia (cuento) - story
historiador del arte - art historian
historieta - comic
hogar - home
hoja (de papel) - sheet

hoja (de un cuchillo) -
  blade
hojalata - tin
hola - hello, hi
holgado - baggy, loose
holgazán - lazy, slacker
hombre - man (pl: men)
hombre lobo - werewolf
homicidio - homicide
homófonos -
  homophones
hondureño, hondureña -
  Honduran
honestidad - honesty
honesto - honest
hongo - fungus (pl: fungi),
  mushroom
honor - honor
hora - hour
hora pico - rush hour
horario - schedule,
  timetable

horas extra - overtime
horizontal - horizontal
hornear - to bake
horquilla - hairpin
horrible - horrible
hospitalidad - hospitality
hoy - today
hoz - sickle
huella de carbono -
  carbon footprint
huella ecológica -
  ecological footprint
humano - human
humedal - wetland
húmedo - humid, wet
humid - húmedo
humilde - humble
humo - smoke
humor - humour
Hungría - Hungary
huracán - hurricane
huso horario - time zone

I

identificar - to identify
ideología - ideology
idioma - language
idolatrar - to idolize
igual - same, equal
igual (matemática) - equal

igualdad - equality
ilegal - illegal
ilimitado - unlimited
iluminador - highlighter
Ilustración (movimiento)
  - Enlightenment

ilustrador - illustrator

imagen - image, picture

imaginar - to imagine

imán (jefe religioso musulmán) - imam

impactante - striking, shocking

impacto - impact

imperio - empire

implementación - implementation

importación - import

importancia - importance

importar - to care

importar (bienes) - to import

imposible - impossible

impresionante - impressive, awesome

Impresionismo - Impressionism

impreso - print, printed

improbable - unlikely

impuesto - tax

impulsar - to power, to drive, to boost

impulso - impulse, drive, boost

inauguración - inauguration

incendio forestal - wildfire

incidente - incident

inclinación de cabeza - nod

incluido - included

inclusión - inclusion

incluso - even, including

incómodamente - awkwardly

incómodo (poco agradable) - awkward

incómodo (poco confortable) - uncomfortable

incompetente - incompetent

incorporarse - to join, to enter

increíble - incredible, amazing

incursión - raid, incursion

indemnización - compensation, severance package

independencia - independence

indicación - direction, indication

indicador - indicator

indicio - sign, indication

indio, india - Indian

individual (de mesa) - placemat

individuo - individual
indudablemente - undoubtedly
industria - industry
industrialización - industrialization
inestable (persona cambiante) - unstable
inestable (sin firmeza) - unsteady
infante - infant
infantería - infantry
infeliz - unhappy
inferior - inferior
infierno - hell
infinitivo - infinitive
inflación - inflation
inflamable - flammable
información - information, info
informado - informed
informe - report
infracción - infracción
ingeniería - engineering
ingeniero civil - civil engineer
ingenioso - witty, resourceful
Inglaterra - England
inglés - English
inglés, inglesa - English

ingobernable - ungovernable
ingrediente - ingredient
ingresos - earnings, income, revenue
inicial - initial
iniciar - to initiate, to start
iniciar sesión - to log in
inicio - start
injusto - unfair
inmediatamente - immediately
inmenso - immense
inmigración - immigration
inmigrante - immigrant
inmobiliaria - real estate agency
inmunidad - immunity
inquieto - restless
inquilino - tenant
inscripción - inscription, legend (maps)
insecto - insect
inseguro - insecure
insertar - to insert
insignificante - insignificant
insípido - tasteless, bland
inspeccionar - to inspect
instalación - installation
instalación de azulejos - tile installation

instalación de tablaroca - drywall installation
instalar - to install
instancia - instance
instantáneo - instant, immediate
instante - instant
instrucción - instruction
instruido - educated, well-read
instrumento - instrument
insuficiente - insufficient, deficient
integración - integration
integrado - integrated
integrar - to integrate
integridad - integrity
inteligencia artificial (IA) - artificial intelligence (AI)
inteligente - intelligent, smart, quick-witted
intenso - intense, rich
intentar - to try, to attempt
intento - try, attempt
interactivo - interactive
intercambiar - to trade, to swap
intercambio - exchange, swap
interés - interest
interesado - interested

interesante - interesting
interjección - interjection
internacional - international
internet - internet
intérprete - interpreter
intersección - intersection, junction
intervalo - interval
intestino - intestine
introvertido - introverted
inundación - flood
inútil - useless
inválido - invalid, disabled
invasión - invasion
invento - invention
invernadero - greenhouse
inversión - investment
inversor - investor
invertir - to invest
investigación - research, investigation
investigar - to investigate
invitado, invitada - guest
invitar - to invite
involucrar - to involve
involucrarse - to engage
inyección - injection
ir - to go
iracundo - irate
Irlanda - Ireland

irlandés, irlandesa - Irish
ironía - irony
irrigación - irrigation
irse - to leave

islam - Islam
Italia - Italy
italiano, italiana - Italian

J

jalea - jelly, jam
Janucá - Hanukkah
Japón - Japan
japonés, japonesa - Japanese
jarabe - syrup
jardín de infantes - kindergarten
jaula - cage
jazmín - jasmine
jefe de obra - site manager
jefe, jefa - boss
jerga - slang
jeringa - syringe
joven - young
joyería - jewelry
jubilación - retirement
jubilado, jubilada - retired
jubiloso - jubilant

judaísmo - Judaism
juego - game, play
juego con agua - water play
juego de mesa - board game
jueves - Thursday
juez, jueza - judge
jugador, jugadora - player
jugar - to play
jugoso - juicy
juicio - trial
julio - July
junio - June
Júpiter - Jupiter
jurado - jury
justicia - justice
justo - just, fair
juvenil - youthful

K

kayak - kayak
kilogramo - kilogram
kilómetro - kilometer

kilómetro cuadrado - square kilometer
kosher - kosher

L

la - the
La Habana - Havana
lactancia materna - breastfeeding
lácteo - dairy
lactosa - lactose
lago de agua dulce - freshwater lake
lago de agua salada - saltwater lake
laguna - lagoon
lanza - spear
lanzamiento - release, launch
lanzar - to launch
lápida - headstone
largo plazo - long-term
larguirucho - lanky, spindly
laringe - larynx
láser - laser
lastimarse - to injure oneself
latido - heartbeat, beat
latitud - latitude
laurel - bay leaf
lavanda - lavender
lavandina - bleach
lavar - to wash
leche condensada - condensed milk

lecho del lago - lakebed
lector - reader
leer - to read
legislador, legisladora - legislator
lejía - bleach
lencería - lingerie
lengua de señas - sign language
lenguado - sole
lentamente - slowly
lente - lense
lenteja de agua - duckweed
lento - slow
leo - Leo
letra - letter
letra (de canción) - lyrics
levantamiento - uprising
levantar - to raise
levantarse - to stand up, to get up
leve - slight
léxico - lexicon
ley - law
leyenda - legend
leyes antimonopolio - antitrust laws
liberación - liberation
liberalismo - liberalism

libertad - freedom

libertad condicional - probation, parole

libra - pound

libra (signo del zodiaco) - Libra

libre - free

libros - books

licencia de conducir - driver's license

licuar - to blend

líder - leader

liderazgo - leadership

liga - league

lila - lilac

lima - file, lime (fruit)

limar - to file

limitado - limited

límite - limit

límite de velocidad - speed limit

limítrofe - neighboring, bordering

limpiaparabrisas - windshield wiper

limpiar - to clean

limpieza - cleaning

limusina - limousine

línea - line

línea de tiempo - timeline

lípido - lipid

liquidación - clearance

lirio - lily

Lisboa - Lisbon

lista - list

listo (inteligente) - smart, clever

listo (preparado) - ready

literatura - literature

litro - liter

llama - flame

llamada - call

llamar - to call

llamativo - flashy, striking

llanto - cry

llevar - to carry

llorar - to cry

llovizna - light rain, drizzle

lloviznar - to sprinkle, to drizzle

lluvia ácida - acid rain

lobby - lobby

lobo marino - sea lion

local - local

loco - crazy

lodazal - mire

lógica - logic

lógico - logical

lograr - to accomplish, to achieve

logro - achievement, accomplishment

lombriz - worm
Londres - London
longitud (dimensión) - length
longitud (Geografía, distancia en grados) - longitude
loro - parrot
lubina - sea bass
luces altas - high beams
lucrativo - lucrative
lugar - place

lujo - luxury
luminoso - luminous, bright
luna - moon
lunar - mole
lunes - Monday
lupa - magnifying glass
luto - mourning
luz direccional - turn signal
luz intermitente - flashing light
luz solar - sunlight

M

machacar - to crush, to mash
macho - male
madrastra - stepmother
madre - mother
maduro (fruta) - ripe
maduro (persona) - mature
magenta - magenta
magia - magic
mail - correo
mal de ojo - evil eye, jinx
malecón - seawall
malo - bad, evil
mameluco - onesie, coverall
mamífero - mammal

manada - herd, pack
manada de leones - lion pride
manantial - spring
manatí - manatee
mancha foliar - leaf spot
manejar - to drive (vehicle), to handle
manga - sleeve
manglar - mangrove
mango - mango (fruit), handle
manguera - hose
manifestación - manifestation, demonstration

manifiesto - manifesto, manifest

maniobra - maneuver

manivela - crank, winch

mansión - mansion

mantener - to maintain

mantenerse - to stay, to keep

mantenimiento - maintenance

mantillo - mulch

manual - manual

manzana (cuadra) - block

manzanilla - chamomile

mañana (día siguiente a hoy) - tomorrow

mañana (momento del día) - morning

maquillaje - make-up

maquillarse - to put on makeup

maquinaria - machinery

maratonear - to binge-watch

maravilloso - wonderful

marca - brand

marca registrada - trademark

marcapáginas - bookmark

marcha - march

marchar - to march

marchitar - to wilt, to wither

marco - frame

marea - tide

mareado - dizzy

margarita - daisy

margen - margin

marinar - to marinate

marines - marines

marino - marine

mariposa (estilo de natación) - butterfly stroke

mariscal - marshal

marmota - groundhog

marrón - brown

Marruecos - Morocco

Marte - Mars

martes - Tuesday

marzo - March

más - more

más (matemática) - plus

más o menos - more or less

masa - mass

mascar - to chew, to munch

máscara de oxígeno - oxygen mask

máscara de pestañas - mascara

mascota - pet
masculino - masculine, male
masivo - massive
masticar - to chew
matadero - slaughterhouse
matar - to kill
matemáticas - math
materia - matter
matrimonio - marriage
máximo - maximum
mayo - May
mayoría - majority
mayúscula (letra) - capital letter, uppercase
me gusta - like
mecánico - mechanical
mecanismo - mechanism
mecerse - to rock, to sway
media - average, mean, half
mediador - mediator
mediana - median
mediano - medium-sized
medianoche - midnight
medicamento - medication, drug
medicina - medicine
medición - measurement
medida - measure

medidor - meter
medio (forma) - mean, way
medio ambiente - environment
mediocampista - midfielder
mediocre - mediocre
meditar - to meditate
megáfono - megaphone
mejillón - mussel
mejor - best
mejora - improvement
melancólico - melancholic
mellizo - fraternal twin
melodioso - melodious
membresía - membership
memoria - memory
memoria (autobiografía) - memoir
mención - mention
mencionar - to mention
menos - less
menos (matemática) - minus
mensaje - message
mensaje directo - DM (direct message)
menstruación - menstruation
mensual - monthly

mensualmente - monthly

menta - mint

mental - mental

mente - mind

mentir - to lie

mentira - lie

menú - menu

mercado - market

mercado callejero - street market

mercado de agricultores - farmers' market

mercado local - local market

Mercurio - Mercury

meridiano - meridian

mero - mere, sheer

mes - month

mesa de ayuda - helpdesk

meseta - plateau

meta - goal

metabolismo - metabolism

metáfora - metaphor

metálico - metalic

método - method

métrica (rhythmic pattern) - meter

metro - meter

metro cuadrado - square meter

metro cúbico - cubic meter

mexicano, mexicana - Mexican

mezcla - mix, blend

mezcladora de cemento - cement mixer

mezclar - to mix, to blend

mezquita - mosque

mi - my

microbio - microbe

microbiología - microbiology

miedo - fear

miembro - member

mientras - while

miércoles - Wednesday

miga - crumb

migración - migration

migraña - migraine

mil - thousand

mil millones - billion

milagro - miracle

miligramo - milligram

mililitro - milliliter

milímetro - millimeter

milla - mile

milla cuadrada - square mile

millón - million

mina - mine

minería - mining
minifalda - miniskirt, skirt
minimalista - Minimalist
ministro - minister
minivan - minivan
minorista - retail
minúscula (letra) - lower
  case
minúsculo - minuscule
minuto - minute
mío - mine
mirar vidrieras - to
  window shop
miserable - miserable
misil - missile
misión - mission
mismo - same
misterio - mystery
mitad - half
mitín - rally, meeting
mito - myth
mixología - mixology
mochilear - to backpack
mochilero, mochilera -
  backpacker
modelo - model
moderado - moderate
moderador - moderator
modernista - Modernist
moderno - modern
modificar - to modify

modismo - idiom
modo verbal - verb mood
módulo - module
moho - mildew
mohoso - musty
moisés (de bebé) -
  bassinet
mojado - wet
molesto - upset
monarquía - monarchy
monarquía constitucional
  - constitutional
  monarchy
monasterio - monastery
moneda - currency, coin
monitor de bebé - baby
  monitor
monitorear - to monitor
monja - nun
monje - monk
monopatín eléctrico -
  electric scooter
monstruo - monster
montacargas - forklift
monzón - monsoon
moño - ribbon, bow
morado - purple
moraleja - moral
morder - to bite
mordillo - teething ring
mordisquear - to nibble

moretón - bruise
morir - to die
mosaico - mosaic
mostrador - counter
moto de agua - jet ski
motor - engine
motor de búsqueda - search engine
mover - to move
moverse - to move oneself, to shift
movimiento - movement
mudarse - to move
mudo - mute
muebles - furniture
muelle - dock
muerte - death

mujer - woman (pl: women)
multa - fine, penalty
multiplicación - multiplication
multitud - multitude, crowd
mundial - worldwide, global
mundo - world
muñeco de nieve - snowman
murmurar - to murmur
músculo - muscle
música - music
muy - very, really

N

nacarado - pearlescent
nacimiento - birth
nación - nation
Naciones Unidas (ONU) - United Nations (UN)
naranja - orange
narrador - narrator
narrativa - narrative
narval - narwhal
naturaleza - nature
náuseas - nausea

navegación - navigation
navegador - browser
navegar - to navigate, to browse (internet)
Navidad - Christmas
necesario - necessary
necesidad - need, necessity
negativo - negative
negociación - negotiation
negocios - business

negro - black

nemátodo - nematode

neoclásico - Neoclassical

neologismo - neologism

neón - neon

Neptuno - Neptune

nerviosamente - nervously

nervioso - nervous, jittery

neto - net

neumonía - pneumonia

neurótico - neurotic

neutralidad de carbono - carbon neutrality

nicaragüense - Nicaraguan

nieta - granddaughter, grandchild (pl: grandchildren)

nieto - grandson, grandchild (pl: grandchildren)

ninguno - none

niña - girl, child

niño - boy, child

niño pequeño - toddler, small child

nítido - clear

nivel - level

no ficción - non-fiction

noble - noble

noche - night, evening

Noche Buena - Christmas Eve

Noche de Brujas - Halloween

nodo - node

nódulo - nodule

nombrar - to name

nombre - name

nombre de usuario - username

normal - normal

normalmente - normally

norte - north

Noruega - Norway

noruego, noruega - Norwegian

nosotros - we, us

nota - note

noticia - news

notificación - notification

notificar - to notify

novato - rookie, novice, newbie

novela - novel

noveno - ninth

noventa - ninety

novia - bride

noviembre - November

novio - groom

nuclear - nuclear

nudo celta - Celtic knot

nuera - daughter-in-law
nuestro - ours, our
Nueva Zelanda - New
  Zealand
nueve - nine
nuez - walnut, nut

nuez moscada - nutmeg
nulo - void
número - number
nunca - never
nutria - otter
nutrición - nutrition

O

o - or
oasis - oasis
obispo - bishop
obituario - obituary
objetivo (diana) - target
objetivo (finalidad) -
  objective, goal, aim
objetivo (impersonal) -
  unbiased, objective
obligación - obligation
**obligaciones
  contractuales** -
  contractual obligations
obra de teatro - theatre
  play
observación - observation
observar - to observe
obtener - to obtain
obviamente - obviously
ocasionalmente -
  occasionally

occidental - western
occidente - west
océano - ocean
ochenta - eighty
ocho - eight
octavo - eighth
octubre - October
ocupación - occupation
ocupado - busy
ocurrir - to occur
odiar - to hate
odio - hate, hatred
oeste - west
oferta (de productos) -
  supply
oferta (propuesta) - offer
oferta (rebaja) - sale
oficial - official, officer
oficial subalterno -
  warrant officer
oficina - office

ofrecer - to offer
ola - wave
ola de calor - heatwave
ola de frío - cold snap,
  cold wave
oligarquía - oligarchy
ondulado - wavy
ONG - NGO
onomatopeya -
  onomatoepeia
onza - ounce
onza líquida - fluid ounce
opaco - opaque, dull
opalescente - opalescent
opción - option
opcional - optional
operación - operation
operar - to operate
opinión - opinion
oponerse - to oppose
oportunidad - opportunity
oportuno - timely
oposición - opposition
optativo - optional,
  optative
optimista - optimistic
opuesto - opposed
oración (gramática) -
  sentence

oración (rezo) - prayer
orador - speaker
orden - order
orden del día - agenda
orden judicial - warrant
orégano - oregano
orgánico - organic
organismo - organism
organización -
  organization
orgullo - pride
oriental - eastern
oriente - orient, east
origami - origami
origen - origin
original - original
orilla - shore
orilla del río - riverbank
oro - gold
orquestra - orchestra
orquídea - orchid
oscilar - to swing
oscuro - dark
ostra - oyster
otorgar - to provide, to
  grant, to give
otro - other, another
oxígeno - oxygen
oxímoron - oxymoron

P

paciencia - patience
paciente - patient
padrastro - stepfather
padre - father
padres - parents
paga - pay
pagar - to pay
página - page
pago - payment
país - country
paisaje - landscape
paisajismo - landscaping
Países Bajos - Netherlands
pala - shovel, spade
palabra - word
pálido - pale
panadero, panadera - baker
panal - honeycomb
panameño, panameña - Panamanian
páncreas - pancreas
panda rojo - red panda
panel - panel
panorama - outlook
pantalla - screen
pantano - marsh
panteón - vault
pañal - diaper

papa - pope
papa frita - fry, potato chip
papeleta - ballot
paprika - paprika
paquete - package
par - pair
para - for
paraguayo, paraguaya - Paraguayan
paraíso - paradise
paralelo - parallel
parámetro - parameter
parásito - parasite
parchar - to patch
parcialmente - partly
parecer - to seem, to appear
pareja - couple
paréntesis - parentheses
pariente - relative
parlamento - parliament
parpadear - to blink
parpadeo - blink
parque nacional - national park
parque urbano - city park
parte - part
participación - participation
participante - participant

participar - to participate

participio - participle

partido político - political party

pasado - past

pasado mañana - the day after tomorrow

pasajero - passenger

pasantía - internship

pasar - to pass

pasarela - runway

pasatiempo - hobby

Pascua - Easter

pasear - to stroll

paseo - drive (vehicle), stroll (on foot)

pasillo - aisle

pasión - passion

paso - step

paso elevado - overpass

paso subterráneo - underpass

pastel - cake, pie, pastel (color)

pastelero, pastelera - baker

pasteles - cakes, pies

pastilla - pill

pastizal - pasture

pastor - pastor

pata - paw, leg

patología - pathology

patria - homeland, motherland

patrulla - patrol

pausa - pause, break

pausado - leisurely, paused

pavimento - pavement

paz - peace

peaje - toll

peatón - pedestrian

pecado - sin

pecaminoso - sinful

pecera - fish bowl

pecho (estilo de natación) - breaststroke

pecho (mama) - breast

pediatra - pediatrician

pedir - to order, to ask for

pedir prestado - to borrow

pegajoso - sticky

Pekín - Beijing

pelaje - fur

pelar - to peel

pelea - fight

pelear - to fight

película - movie

peligro - danger, hazard

pelirrojo - redhead, ginger

pellizcar - to pinch

pelotón - platoon

pélvis - pelvis
pena (lástima) - pity
pena (tristeza) - sorrow
pena de muerte - death
  penalty
penal - penalty
pendiente (adjetivo) -
  pending
pendiente (aro) - earring
penetrante - piercing
pensamiento - thought
pensar - to think
peor - worst
pequeño - small, petite
percepción - perception
perceptivo - perceptive
perchero - hanger, rack
perdedor - loser
perder - to lose
perder (por falta) -
  to forfeit
perdido - lost
perdiz - quail
perdón - sorry
peregrinación - pilgrimage
perejil - parsley
perezosamente - lazily
perezoso - lazy, sluggish
perfeccionar - to perfect
perfecto - perfect
perfil - profile

perfume - perfume
periférico - peripheral
perímetro - perimeter
periódico - newspaper
periodismo - journalism
período - period
período medieval -
  medieval period
perla - pearl
permanente - permanent
permiso - permission
permitir - to allow
pero - but
perpendicular -
  perpendicular
persona - person (pl:
  people, persons)
personaje - character
personal - personal, staff
  (work-related)
personalmente - personally
personificación -
  personification
perspectiva - perspective
perspicaz - insightful
persuasivo - persuasive
peruano, peruana -
  Peruvian
pésame - condolence
pesar - to weigh, sorrow
pescar - to fish

pesimista - pessimistic
pésimo - lousy, terrible
peso - weight
pestañear - to blink
pestañeo - blink
pesto - pesto
petral - breastplate
pez espada - swordfish
pH - pH
picante - spicy, hot
picar - to chop, to mince
picoso - peppery
pie cuadrado - square foot
piel - skin
pieza - piece
pilar - pillar
piloteadora - pile driver
pinta - pint
pintura acrílica - acrylic painting
pintura al óleo - oil painting
pintura de íconos - icon painting
piña (fruto del pino) - pine cone
pionero, pionera - pioneer
pipeta - pipette
pirámide - pyramid
pisar fuerte - to stomp
piscis - Pisces
pista (aviones) - runway

pistola - gun
pitón - python
pizarra - whiteboard, blackboard
pizarrón - blackboard, whiteboard
placer - pleasure
plaga - plague, pest
plan - plan
plano - plane
plano (arquitectura) - blueprint
plantar - to plant
plantilla - template
plastilina - playdough
plataforma - platform
plataforma elevador - lift, elevator
elevadora - scissor lift
plateado - silver
plato principal - main dish, entrée
plaza central - central square
plaza del pueblo - town square
plazo - term, period, deadline
plomo - lead
plumoso - feathery
plural - plural

Plutón - Pluto
población - population
pobre - poor
pobreza - poverty
poco frecuente - rare,
  uncommon
poda - pruning
podar - to prune
pódcast - podcast
poder - power, ability
poder (político) - power
poderoso - powerful
poesía - poetry
polaco, polaca - Polish
policía - police
polígono - polygon
política - politics, policy
política de devoluciones
  - return policy
polo - pole
Polonia - Poland
polvo - dust
polvo (maquillaje) -
  powder
pomelo - grapefruit
poner en marcha - to set
  in motion, to start
ponerse en cuclillas -
  to squat
popularidad - popularity
póquer - poker

por favor - please
por qué - why
por último - lastly
porcelana - porcelain
porcentaje - percentage
porciento - percent
porción - portion, part,
  piece
porque - because, since
portafolio - briefcase,
  portfolio
portero, portera -
  goalkeeper
portugués, portuguesa -
  Portuguese
posarse - to perch
posavasos - coaster
poseer - to own, to have
posible - possible
posición - position
positivo - positive
postre - dessert
potencial - potential
potente - potent
poza en cueva - cave pool
práctico - practical
pradera - meadow
Praga - Prague
precio - price
predicado - predicate
preescolar - preschool

preferir - to prefer
prefijo - prefix
pregunta - question
preguntar - to ask
preguntarse - to question
prehistoria - prehistory
prensa - press
preocupación - worry, concern
preocuparse - to worry
preparación - preparation
preparar - to prepare
preposición - preposition
presencia - presence
presentación - presentation
presentar - to present, to introduce
presente - present
presidente - president
presión - pressure
presión alta - high blood pressure
presión baja - low blood pressure
presionar - to press
préstamo - loan
préstamo lingüístico - loanword
prestar - to lend
presupuesto - budget

prevalecer - to prevail
prevención - prevention
prevenir - to prevent
primer ministro - prime minister
primera clase - first class
primero - first
primo, prima - cousin
princesa - princess
principal - main
príncipe - prince
principio - principle
prioridad - priority
prisionero, prisionera - prisoner
prisma - prism
privacidad - privacy
probabilidad - probability
problema - problem, issue
procedimiento - procedure
procesar (en un juicio) - to prosecute, to try
proceso - process
proclamación - proclamation
procrear - to procreate
producción - production
producir - to produce
producto - product
productor - producer

profesional - professional

profesor - professor

profeta - prophet

profundidad - depth

profundo - deep, profound

programa - program

programa de fidelidad - loyalty program

programado - scheduled

programador, programadora - programmer

progresivo - progressive

progreso - progress

prohibido - prohibited

promesa - promise

prometida (en matrimonio) - fiancée

prometido (en matrimonio) - fiancé

promover - to foster, to promote

promulgar (una ley) - to enact

pronombre - pronoun

pronóstico - forecast

pronóstico del clima - weather forecast

pronto - soon

pronunciación - pronunciation

pronunciar - to pronounce, to utter

propagación - propagation

propagar - to spread

propiedad - property

propina - tip

propósito - purpose, point

proteger - to protect

proteína - protein

protesta - protest

protestar - to demonstrate, to protest, to complain

proveedor - provider, supplier

proveer - to provide

provincia - province

proyecto - project

proyecto de ley - bill

proyector - projector

prueba - test

psicólogo, psicóloga - psychologist

psiquiatra - psychiatrist

publicación - publication, post

publicar (compartir en internet) - to post

publicar (hacer público) - to publish, to release,

to make public

publicidad - promotion, advertising

público - public

pueblo - town, village

puerta corrediza - sliding door

puerta giratoria - revolving door

puerto - port, harbor

puertorriqueño, puertorriqueña - Puerto Rican

pulgada - inch

pulgón - aphid, flea

pulpa - pulp, flesh, mash

pulso - pulse

puma - cougar, puma

punta - point, edge

punteado - dotted

punto (en costura) - stitch

punto (ortografía) - period

punto (pequeña marca circular) - spot

punto de vista - point of view

puntuación - punctuation

puntual - punctual

pupila - pupil

Q

qué - what

quebradizo - brittle

quedarse - to stay

quedarse atrás - fall behind

queja - complaint

quejarse - to whine, to complaint

quemadura - burn

quemar - to burn

querer - to want

querido, querida - dear

queso crema - cream cheese

question - pregunta

quién - who

quieto - still

quilate - carat

química - chemistry

químico - chemical

químico, química - chemist

quinto - fifth

quitar - to remove, to take off

R

rabino - rabbi
race - carrera
racimo (conjunto de cosas) - cluster
racimo (de uvas) - bunch
racional - rational
radar - radar
radiador - radiator
radiante - radiant
radio - radius
radiografía - x-ray
radiólogo, radióloga - radiologist
raíz cuadrada - square root
rallar - to grate
ralo - thin, wispy
Ramadán - Ramadan
rancio - rancid, stale
rango - range
rápidamente - quickly
rápido (de un río) - rapid
rápido (veloz) - fast, quick
rápidos - rapids
rara vez - rarely
rascacielos - skyscraper
rastas - dreadlocks
rastro - trace
rata - rat

rating - rating, clasificación
ratón - mouse (pl: mice)
rayo (franja de luz) - ray
rayo (relámpago) - lightning
raza (animal) - breed
raza (humana) - race
razón - reason
razonable - reasonable
reacción - reaction
reacondicionar - to refurbish
real - real
realidad - reality
Realismo - Realism
realizar - to make, to perform, to realise
reanimación cardiopulmonar (RCP) - cardiopulmonary resuscitation (CPR)
rebanada - slice
rebanar - to slice
rebelión - rebellion
recarga - refill
recaudación de fondos - fundraiser
recepción - reception

receptor - receiver

receso - recess, break

receta médica - prescription

recetar (medicación) - to prescribe

rechoncho - chubby, plump

recibir - to receive

recibo - receipt, invoice, ticket

reciclaje - recycling

recién nacido - newborn

reciente - recent

recientemente - recently

recinto - venue

recipiente - vessel, container

recluta - recruit

reclutar - to draft, to recruit

recoger - to pick up

recomendar - to recommend

recompensas de fidelidad - loyalty rewards

reconocer - to recognize, to acknowledge

reconocimiento - recognition, acknowledgement

reconstruir - to rebuild

recordar - to remember

recorte de papel - paper cutting

recreo - break, recess

recta - straight line

rectángulo - rectangle

recto - straight

recuento - count

recuerdo - memory

recuperar - to recover

recurso - resource

recursos naturales - natural resources

red - net

redes sociales - social media

redondear - to round off, to wrap up

redondo - round

reducir - to reduce

reembolso - refund, reimbursement

reemplazar - to replace

referencia - reference, nod

referéndum - referendum

reflector - reflector

reflexionar - to ponder, to reflect

reflexivo - thoughtful
reforestación - reforestation
reforma educativa - education reform
reforzar - to reinforce
refresco - soda, soft drink
refrigerante del motor - engine coolant
regador - water can
regalar - to gift, to give away
regaliz - licorice
regalo - gift, present
regar - to water
regimiento - regiment
región - region
registrarse - to sign up
registro - record
registro del vehículo - vehicle registration
regla - rule
regordete - chubby, plump, pudgy
regular - regular
regularmente - regularly
rehabilitación - rehabilitation
reina - queen
reiniciar - to reset, to restart

reino - kingdom
Reino Unido - United Kingdom
reír - to laugh
reírse - to laugh
rejilla - grate
relajado - relaxed
relationship - relación
relevante - relevant
relicario - locket
religión - religion
religioso - religious
reloj - watch, clock
reloj de arena - sand clock
reloj solar - sundial, solar clock
remar - to row
remendar - to mend
remordimiento - remorse, regret
renacimiento - renaissance
rendirse - to surrender, to give up
renovar - to renovate
rentable - profitable
renunciar - to quit
reparación - reparation
reparar - to repair
reparto - cast
repetir - to repeat
responsable - responsible

reposacabezas - headrest

representar - to represent

reproducir - to play

reproducir - to reproduce, to breed

reptil - reptile

república - republic

republicanismo - republicanism

repugnante - disgusting, repugnant

reputación - reputation

requerir - to require

requisito - requirement

resbaladizo - slippery

rescatar - to rescue

resentido - resentful

reseña - review

reserva - reservation, booking

reserva natural - nature reserve

reservado - reserved, booked

reservar - to reserve, to book

residencia (lugar) - residence

residencia (médica) - residency

residente - resident

resolución - resolution

resolver - to solve, to resolve

resonante - resonant, resounding

resonar - echoing, resonating

resoplar - to huff, to puff

resorte - spring

respetable - respectable

respeto - respect

respirar - to breathe

resplandeciente - glowing

responder - to reply, to answer

responsabilidad - responsibility, liability

respuesta - answer, response, reply

resta - subtraction

restar - to subtract

restaurante - restaurant

restaurar - to restore

resto - rest, remainder

restricción - restriction

resultado - result

resumen - summary

resumir - to sum up, to summarise

resurrección - resurrection

retirada - retreat

retrasado - delayed

retroalimentación - feedback

retroexcavadora - backhoe, excavator

retumbante - booming, rumbling

reunión - meeting, gathering

reverencia - bow

revisar - to check, to revise

revisión - revision, check

revista - magazine

revolución - revolution

revolución industrial - industrial revolution

revolver - to stir

revuelo - stir, uproar

rey - king

ritmo - rhythm

riachuelo - creek

rico - tasty, yummy

riego - watering

riesgo - risk

rifle - rifle

rígido - rigid

rima - rhyme

riñón - kidney

riqueza - wealth

risa - laugh, laughter

risita nerviosa - nervous giggle

ritmo (paso) - pace

ritual - ritual

rizado - curly

roble - oak

robo - theft

robusto - stout, robust

rociar - to spray, to sprinkle

rocío - dew

rodar - to roll

rodete - hair bun

rojo - red

rol - role

Roma - Rome

romance - romance

romero - rosemary

rompecabeza - puzzle

romper - to break

ron - rum

ropa interior - underwear

rosa - pink

rostizar - to roast

roto - broken

rotonda - roundabout

rotundo - resounding

roya - rust

rozar - to graze

rubio - blond

rubor - blush

ruina - ruin
rumano, rumana -
  Romanian
rupia - rupee

rural - rural
Rusia - Russia
ruso, rusa - Russian
ruta - road, route

S

sábado - Saturday
sabana - savannah
saber - to know
sabiduría - wisdom
sabio - wise
sabor - flavour, taste
saborear - to savor
saborizado - flavored
sabroso - tasty, flavorful
sacerdote - priest
sacrificio - sacrifice
sacudir - to shake
sacudirse - to shake off
sagitario - Sagittarius
sagrado - holy, sacred
sala de emergencias -
  emergency room
sala de espera - waiting
  room
sala del tribunal -
  courtroom
salado - savory, salty
salario - salary, wage,
  pay

salario mínimo - minimum
  wage
salida - exit, way out
salir - to exit
salir con alguien - to date
salmón - salmon
salpicar - to sprinkle, to
  splash
salsa - sauce
salsa barbacoa -
  barbeque sauce
salsa blanca - white gravy
saltar - to jump
saltarse - to skip
saltear - sauté
salud - health
saludable - healthy
saludar - to greet
saludo - greeting
salvación - salvation
salvadoreño, salvadoreña
  - Salvadorian
salvaje - savage, wild
salvia - sage

sangrado - bleeding
sangre - blood
santo - saint
santuario - sanctuary, shrine
sapo - toad, frog
sardina - sardine
sargento - sergeant
sastre - tailor
satélite - satellite
satisfacción - satisfaction
satisfacer - to satisfy
Saturno - Saturn
sauce - willow
sazonar - to season
secador de pelo - hairdryer
sección - section
seco - dry
secretario, secretaria - secretary
secreto - secret
secuencia - sequence
secuoya - sequoia
seda - silk
sedán - sedan
sedoso - silky
seductor - seductive, alluring
segregación - segregation
seguidor - follower

seguimiento de entrega - delivery tracking
seguir - to follow
segundo - second
segundo (puesto) - runner-up
seguramente - surely
seguro (póliza) - insurance
seguro (sin peligro) - safe
seis - six
seleccionar - to select
sellado - sealed
sello - seal
semana - week
Semana Santa - Holy Week, Easter
semanalmente - weekly
sembrar - to sow
semestre - semester
semillas - seeds
seminario - seminar
senado - senate
senador, senadora - senator
sencillo - simple, plain
sendero - trail, path, track
sensible - sensitive
sentarse - to sit down
sentencia - sentence
sentido - sense

sentimiento - feeling
señal - sign, signal
señalar - to point, to signal
sepelio - funeral
septiembre - September
séptimo - seventh
sequía - drought
ser (sustantivo) - being
ser (verbo) - to be
ser derrotado - to be defeated
sereno - serene
serie - series, show
serio - serious
servicio - service
servicio al cliente - customer support
servicios - services
servicios públicos - public services, utilities
servidor - server
servir - to serve
sesenta - sixty
sesgo - bias
sesión - session
setenta - seventy
severo - severe
sexo - sex
sexto - sixth
si - if

sí - yes
siempre - always
siesta - nap
siete - seven
siglo - century
significativo - significant
siguiente - next
sílaba - syllable
silencio - silence, quiet
silenciosamente - silently
silla alta - high chair
silla de ruedas - wheelchair
simbolismo - symbolism
símbolo - symbol
símil - simile
simple - simple
simulación - simulation
sin - without
sin embargo - however, yet
sin esfuerzo - effortless
sinagoga - synagogue
sindicato - union
síndrome - syndrome
singular - singular
sinónimo - synonym
sinopsis - synopsis
sintonizador - tuner
sirena - siren, mermaid
sistema - system

sitio web - website
situación - situation
size - tamaño, talla
soberanía - sovereignty
sobrepasar - to exceed, to surpass, to overtake
sobresalir - to outperform, to stand out
sobrina - niece
sobrino - nephew
sociable - social, sociable, outgoing
socialismo - socialism
sociedad - society, partnership
socio, socia - partner
sodio - sodium
sofocante - suffocating
software - software
soldado - soldier, private
soldadura - welding
soleado - sunny, sunlit
solicitud - request, application
solitario - lonely
solo - only
soltar - to release, to let go, to drop
soltero - single
solubilidad - solubility
solución - solution

sombra - shadow
sombra (de ojos, maquillaje) - eyeshadow
sombrío (con poca luz) - dark
sombrío (lúgubre) - gloomy, somber
somnoliento - sleepy
soneto - sonnet
sonido - sound
sonreír - to smile
sonrisa - smile
sonrojarse - to blush
soñar - to dream
soñoliento - sleepy
soplar - to blow
soportar - to withstand, to endure
sordera - deafness, hearing impairment
sordo - deaf
sorprendido - surprised
soso - bland, dull
sostener - to hold, to support, to sostain
sostenibilidad - sustainability
sostenible - sustainable
soya, soja - soy, soybean

space - espacio
spectacular - espectacular
statistic - estadística
su - his, hers, its, their
suajili - Swahili
suave (blando) - soft
suave (liso) - smooth
suave (sabor) - mild
suavemente - softly
subasta - auction
subir - to rise, to go up
submarino - submarine
subsiguiente - subsequent
subtítulo - subtitle
suburbio - suburb
sucinto - succinct
Sudáfrica - South Africa
sudar - to sweat
sudor - sweat
Suecia - Sweden
sueco, sueca - Swedish
suegra - mother-in-law
suegro - father-in-law
suela - sole
suelo - ground, floor
sueño - dream
suero intravenoso - IV drip
suerte - luck

sufijo - suffix
sufragio - suffrage
sufrimiento - suffering
sufrir - to suffer
sugerencia - suggestion
sugerir - to suggest
Suiza - Switzerland
suizo, suiza - Swiss
sujeto - subject
suma - addition
superar - to overcome, to exceed
superficie - surface
superstición - superstition
supervivencia - survival
suplemento - supplement
sur - south
sureño - southern
Surrealismo - Surrealism
suscribirse - to subscribe
suscripción - subscription
suspensión - suspension
suspenso - suspense
sustancia - substance
sustantivo - noun
sustituir - to substitute
susurrar - to whisper
susurro - whisper
sutil - subtle
suyo - his, hers, its, theirs

T

tabaco - tobacco
tabla periódica - periodic table
tablero - dashboard
táctica - tactic
tailandés, tailandesa - Thai
tal vez - maybe, perhaps
talco para bebé - baby powder
tamaño - size
tambaleante - wobbly
tambalearse - to stagger
también - also, too, as well
tampón - tampon
tanque - tank
taoísmo - Taoism
tarde - late
tarde (momento del día) - afternoon, evening
tarea (escolar) - homework
tarea (trabajo) - task
tarifa - fee, rate
tarjeta - card
tarjeta de crédito - credit card
tarjeta de regalo - gift card

tasa - rate
tatuaje - tattoo
tauro - Taurus
tear - lágrima, arrancar
techo solar - sunroof
teclear - to type
técnica - technique
técnica mixta - mixed media
técnico - technical, technician
tecnocracia - technocracy
teja - roofing tile
tejido - tissue, fabric, weaving
tejón - badger
tela - fabric
teléfono - telephone, phone
televisor - television, tv
tema - theme, topic
templado - mild, tepid
templo - temple
temporada - season
temporal - temporary
temprano - early
tenaz - tenacious
tendencia - trend
tener - to have
tener éxito - to succeed

teniente - lieutenant

teniente coronel - major

tenue - dim, faint

teocracia - theocracy

teorema - theorem

teoría - theory

teóricamente - theoretically

terapia - therapy

tercero - third

terco - stubborn

terminal de autobuses - bus terminal

terminar - to finish, to end

término - term

términos y condiciones - terms and conditions

ternero - veal

terrible - terrible, awful

territorio - territory

terror - horror

terroso - earthy

tesis - thesis (pl: theses)

testamento - will

testigo - witness

testimonio - testimony

tetera - teapot

text - texto

tía - aunt

tía abuela - great-aunt

tibio - warm, lukewarm

tiempo - time

tiempo verbal - verb tense

tienda - store

tienda de conveniencia - convenience store

tierra - dirt

Tierra (planeta) - Earth

tifón - typhoon

tijeras de podar - pruning shears

timbre - doorbell

tímido - timid, shy

tío - uncle

tío abuelo - great-uncle

tipo - type, kind

tipo (persona) - guy, dude

tipo de cambio - exchange rate

tirador (de cajón) - handle, knob, pull

tirarse de cabeza - to dive

tiro - shot

tiroteo - shooting, firefight

título (diploma) - degree

título (nombre) - title, headline

tizón - blight

toallita femenina - sanitary pad

toallitas para bebé - baby wipes

tocar - to touch

tocar (un instrumento) - to play

tocar bocina - to honk

todo (todas las cosas) - everything

todo (totalidad de algo) - all, whole

todo el tiempo - all the time

todo - all

tomar - to take

tomillo - thyme

tonelada - ton

tono - tone

topadora - bulldozer

tope de velocidad - speed bump

topógrafo - surveyor, topographer

torá - torah

tormenta de granizo - hailstorm

tormenta de nieve - snow storm, blizzard

tormenta eléctrica - thunderstorm

torneo - tournament

torpe - clumsy

torpemente - clumsily

torrente - torrent

tortura - torture

tos - cough

total - total

totalitarismo - totalitarianism

tótem - totem pole

tóxico - toxic

trabajador - worker

trabajar - to work

trabajo - work, job

trabajo a tiempo parcial - part-time job

tradición - tradition

tradicional - traditional

traducción - translation

traducir - to translate

traductor, traductora - translator

tráfico - traffic

tragar - to swallow

trama - plot

tranquilo - quiet, calmed, easygoing

transferencia - transfer

transferir - to transfer

transmisión - broadcast

transmisión en línea - streaming

transmitir - stream

transparente - transparent, see through

transpiración - perspiration, sweat

transpirar - to transpire, to perspire

transporte - transport

transporte público - public transport

traslúcido, translúcido - translucent, see-through

trasplante - transplanting

tratado - treaty

tratar - to treat

trato - deal

treinta - thirty

trenza (peinado) - braid

tres - three

triángulo - triangle

triángulo de advertencia - warning triangle

tribu - tribe

tributo - tribute

trigésimo - thirtieth

trimestre - quarter

trípode - tripod

tripulación - crew

triste - sad

triunfar - to triumph

trocear - to dice

trompa (de elefante) - trunk

tronco (de árbol) - trunk

tropa - troop

tropical - tropical

trópico - tropic

trotar - to jog

trucha - trout

truco - trick

trueno - thunder

tu - your

tú - you

tuberculosis - tuberculosis

tuberías - pipes

tubo - tube

tumba - grave

tumulto - turmoil, uproar

tundra - tundra

tupido - dense, thick, bushy

turbio - shady, murky

turco, turca - Turkish

turismo - tourism

turno - turn, appointment

Turquía - Turkey

tuyo - yours

U

ubicación - location
Ucrania - Ukraine
un, una - a, an
unidad - unit
uniforme - uniform
unirse - to join
universidad - college,
  university
universo - universe
uno - one
untar - to spread
Urano - Uranus

urbanización - urbanization
urgente - urgent
urna electoral - ballot box
uruguayo, uruguaya -
  Uruguayan
usado - used
usar - to use
uso - use
ustedes - you
usualmente - usually
usuario - user
utilitario (coche) - SUV

V

vacaciones - holidays
vacante - vacancy
vacilante - hesitant
vacío - empty, void
vacuna - vaccine, shot
vagar - to roam
vaina - sheath
vajilla - tableware
valer - to be worth
válido - valid
valiente - brave
valle - valley
valor - value

valorar - to cherish,
  to value
válvula - valve
vapor - steam
variedad - variety
varita mágica - magic
  wand
Varsovia - Warsaw
vasito para bebé - sippy
  cup
vecindario -
  neighborhood
vegano - vegan

vegetariano - vegetarian
veinte - twenty
vejiga - bladder
vela - candle
velero - sailboat
velocidad - velocity, speed
velocímetro - speedometer
velorio - wake
veloz - swift, fast
vena - vein
venado (carne de venado) - venison
venda - bandage
vendedor - salesman, saleswoman
vender - to sell
vendido - sold
venerar - to worship
venganza - vengeance, revenge
venir - to come
venta - sale
venta de garaje - garage sale, yard sale
venta relámpago - flash sale
ventaja - advantage
ventilador - fan
ventoso - windy, drafty
Venus - Venus

ver - to see, to watch
verbo - verb
verdad - truth
verdaderamente - really, truly
verde - green
verde agua - aqua green
veredicto - verdict
vergonzoso - embarrassing, shameful
vergüenza - embarrassment, shame
verificación - verification
verificar - to verify, to check
versión - version
verso libre - free verse
verter - to pour
vertical - vertical
vértice - vertex
vertido de hormigón - concrete pouring
vertiginoso - dizzying, breakneck
vestidor - dressing room
vetar - to veto
veterano - veteran
vez - time
Vía Láctea - Milky Way
vía rápida - expressway
viaducto - viaduct

vibrante - vibrant

vicealmirante - rear admiral

víctima - victim

victoria - victory

vida - life

vida salvaje - wildlife

video - video

videojuegos - videogames

vidriera - window, storefront

vieira - scallop

viento - wind

viernes - Friday

vietnamita - Vietnamese

viga - beam

vigésimo - twentieth

vigilancia - surveillance

vigilancia vecinal - neighborhood watch

vinculante - binding

vínculo - link, bond

violencia - violence

virgo - Virgo

virtual - virtual

virtuoso - virtuous

virus - virus

visión - vision

visita - visit

visitante - visitor

vista (paisaje) - view

vista (visión) - sight

vista previa - preview

vistazo - peek

viuda - widow

viudo - widower

vivaz - lively, vivacious

vívido - vivid

vivienda pública - public housing

vivir - to live

vivo - alive

vocabulario - vocabulary

vocal - vowel

vocero, vocera - spokesperson

voluminoso - voluminous, bulky

voluntariado - volunteering

voluntario - volunteer

volver - to come back, to go back

votante - voter

votar - to vote

voto (elección) - vote

voto (promesa) - vow

voz - voice

voz activa - active voice

voz pasiva - passive voice

vuelo - flight

W

whiskey - whiskey

width - ancho

Y

y - and
yarda - yard
yegua - mare
yema (del dedo) - fingertip
yema (del huevo) - yolk

yen - yen
yerno - son-in-law
yeso - plaster
yin y yang - yin-yang
yo - I, me

Z

zancada - stride
zapatero - shoe rack,
  shoemaker
zar - czar
zarigüeya - possum
zarina - czarina
zarzamora - blackberry

zodíaco - zodiac
zona - zone
zona industrial - industrial
  zone
zona residencial -
  residential area
zoología - zoology

¡5000 PRONUNCIACIONES EN AUDIO GRATIS!

Escucha cada palabra pronunciada por nativos y mejora tu pronunciación.

Escanea el código QR para oír las 5000 palabras del diccionario.

— o —

visita bit.ly/4oymkjE

www.ingramcontent.com/pod-product-compliance
Lightning Source LLC
Chambersburg PA
CBHW061808120626
46550CB00005B/2188